다음 생을 바꾸는
49일간의 기도

다음 생을 바꾸는 49일간의 기도

『티벳 사자의 서』에 의한 중음에서의 해탈법

석법성 편역

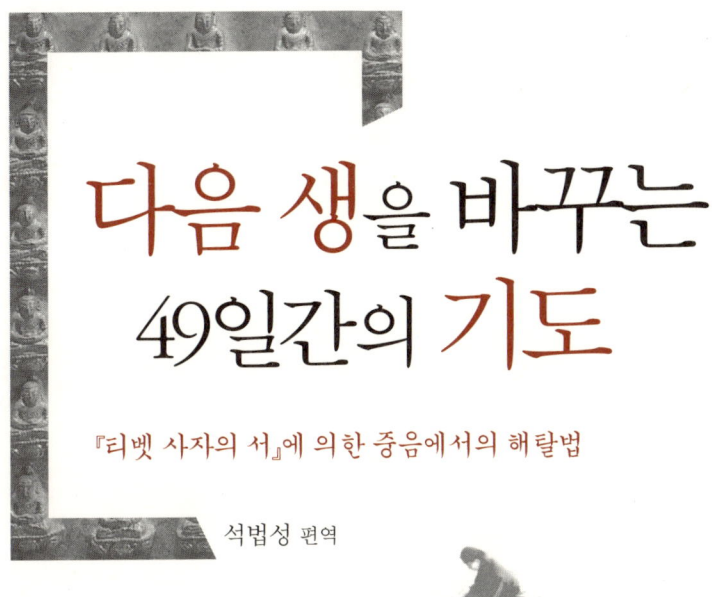

운주사

서문

우리 사회도 이제 인생 100세의 고령화시대에 접어들었다. 그리고 고령화시대의 주요한 관심 중 하나는 바로 죽음의 문제이다. 최근 국내 학계에선 사망학 또는 생사학에 대한 연구가 활발해지고 있고, 사회 전반에서도 그에 대한 올바른 인식의 필요성을 인지하고 있지만 아직 보편적인 인식은 부족한 면이 많다. 필자 또한 2004년에 『사망학』을 내놓은 이후 여전히 아쉬움이 있었다. 일반 독자에게 대중화되지 못한 부족함이 있었기 때문이다.

사망학에 대한 연구의 단계 중에서 중요한 관심은 어떻게 하면 개체 사망학에서 공동운명 사망학으로 전개될 수 있는가이다. 『티벳 중음제도경』은 "일체법공"·"중도실상"을 기초로 한 대승불교의 이제二諦·중도中道사상의 이념으로 불가사의한 해탈경계에서 무소외無所畏의 사후생명(일명 의생신)과 사후세계를 설명하고 있다. 종교학과 신화학의 영역에서 사후세계의 신비를 설하고 있는 경전으로는 세계에서 2부의 경전이 대표적이다. 일명 '티벳 사자의 서(The Tibetan

Book of the Dead)'로 국내에 알려진 『티벳 중음제도경』과 『이집트 중음제도경(The Egyptian Book of the Dead)』이다.

특히 『티벳 중음제도경』은 바로 개체 사망학에서 공동운명 사망학으로 전개되는 과제의 사상을 보여주고 있고, 중음의 윤회전생輪廻轉生에서 열반, 불가사의 해탈 경계에 이르게 하는 중요한 경전이다. 그러므로 티벳 민족에게 『중음제도경』은 성전聖典이고 생명의 힘이다. 그들 내면에 잠재된 정신세계는 현세의 물질적 가치관보다는 내세의 열반 해탈을 더 중요하게 생각하는 것으로, 『중음제도경』은 이러한 정신적 가치관과 인생관을 형성시킨 바탕이 되었다. 『중음제도경』은 임종을 맞이한 사람이나 병자에게 보다 좋은 전생轉生 및 사후 중음경계에서 부처경지나 해탈경지에 오르도록 하는 데 도움을 줄 뿐 아니라, 생전에 미리 의미를 알고 독송하면 삶에 활력을 불어넣어주고 삶의 의미를 일깨워주는 지혜의 원천이기도 하다. 그래서 티벳인들은 『중음제도경』을 매일 기도·독송하는 경전으로 사용하고 있다.

일명 "중음제도" 또는 "중음득도得度"란 중음(Bardo)과 제도(득도, Thödrol) 두 명사가 결합한 용어로, 망자에게 독송을 해 주면 바로 망자가 알게 되고, 망자가 듣게 되면 바로 해탈을 하는, 즉 들음으로써 바로 일깨워 알게 하고 제도한다는 의미이다. 망자가 들어서 해탈을 하게 하거나 좋은 곳에 전생轉生하도록 제도하는 이로움이 있는 것이다. 그렇다고 망자에게만 긴요한 효능이 있는 게 아니다. 살아 있는 이에게도 미리 일깨워 알게 하고 수행하여 사후를 준비하게 하는 이로움이 있다.

우리나라 불자들은 '천도재'는 귀에 익숙해도 '중음제도'는 아직 생소할 것이다. 또한 생전에 자신이 미리 닦고 간다는 예수재豫修齋는 알아도, 자신이 생전에 미리 죽음―중음―전세轉世의 과정을 이해하고 닦아 사후의 중음에서 자신이 자신을 구제하고 해탈하는 방법에 대해선 생소하다. 이는 밀교密敎의 밀법에 속하여 현교顯敎가 중심인 한국불교에는 잘 알려지지 않았기 때문이다.

이에 필자는 독자들에게 삶과 임종, 그리고 사망의 과정을 보다 친숙하게 인식시키고, 삶을 요달하고 죽음을 해탈할 실수實修 방법을 알려 주고자 『티벳 중음제도경』에서 해탈 방법에 대한 중요한 경문들을 뽑아 본서를 엮었다. 이는 망자를 천도하기 위한 중음의식의 목적 외에도, 살아 있는 우리들도 미리 배우고 독송함으로써 생사사대生死事大에 확고한 신념을 갖고 사후에 자신이 바로 자신을 해탈·제도하도록 하는 것에 목적이 있다. 그러므로 본서의 내용을 독자 본인뿐만 아니라 주변의 친인들에게도 전하고 함께 독송함으로써 해탈도 수행의 요익함을 함께 공유하기 바란다. 아울러 생전에 삶은 물론 죽음에 대한 절대적인 관심을 갖도록 경책하기 위한 수행서修行書가 되길

바라는 바이다.

  내용면에 있어 여러 부족한 면은 독자 여러분의 지도편달을 바라는 바이고, 또한 항상 기꺼이 출판을 맡아주신 도서출판 운주사 사장님께 감사드리는 바이다.

2010년 3월 법(Dharma)의 한강에서
釋法性

서문 5

I. 죽음이란? 11

II. 중음에서 해탈하기

1. 제1단계 초기중음 – 임종중음 • 22
2. 제2단계 중기중음 – 실상중음의 죽음해탈 • 23
3. 제3단계 말기중음 – 재생再生·수생受生 혹은 투생投生중음 • 24
4. 중음기간 중 해탈 방법 • 25

    제1단계 임종중음(초기중음)의 해탈 방법 • 29

    제2단계 실상중음(중기중음)의 해탈 방법 • 37

       1) 초재初齋 • 40

          (1) 초재 첫째 날 망자에게 41   (2) 초재 둘째 날 망자에게 43

          (3) 초재 셋째 날 망자에게 46   (4) 초재 넷째 날 망자에게 49

          (5) 초재 다섯째 날 망자에게 51   (6) 초재 여섯째 날 망자에게 54

          (7) 초재 일곱째 날 망자에게 57

       2) 이재二齋 • 60

          (1) 이재 첫째 날 망자에게 60   (2) 이재 둘째 날 망자에게 63

          (3) 이재 셋째 날 망자에게 64   (4) 이재 넷째 날 망자에게 66

          (5) 이재 다섯째 날 망자에게 68   (6) 이재 여섯째 날 망자에게 70

          (7) 이재 일곱째 날 망자에게 72

제3단계 투생중음(말기중음)의 해탈 방법 • 85
　(1) 죽은 후 중음신의 생기生起와 초월적 기능을 일깨운다 86
　(2) 죽은 후 중음의 경계와 현상을 일깨운다 88
　(3) 명계冥界의 심판을 일깨운다 95
　(4) 심념心念 결정의 영향을 일깨운다 99
　(5) 육도세계의 빛이 현현함을 일깨운다 103
　(6) 투생(환생)의 과정을 일깨운다-태문胎門을 막음 105
　　① 태문을 막는 제1방법 105
　　② 태문을 막는 제2방법 107
　　③ 태문을 막는 제3방법 108
　　④ 태문을 막는 제4방법 110
　　⑤ 태문을 막는 제5방법 111
　　⑥ 태문을 선택하는 제6방법-투생처의 방지 113
　　⑦ 태문을 선택하는 제7방법-화생化生의 선택 117
　　⑧ 태문을 선택하는 제8방법-태내에 들어갔어도
　　　 다시 인간세계로 되돌림 119
　(7) 망자의 천도를 위한 가피 게송 122
　　① 모든 부처님과 불보살님의 가피를 청하는 게송 123
　　② 중음의 공포를 면하고 보호하도록 선원善願을 하는 게송 124
　　③ 여섯 가지 중음경계의 근본적인 경책 게송 127
　　④ 중음의 험난한 경계를 면하도록 하는 기도의 가피 게송 129
　　⑤ 회향 게송 132

Ⅲ. 일상에서의 실천법 133

I. 죽음이란?

현상계에 유정¹의 생명체로 태어났다면 죽음과는 불가분의 관계를 맺는다. 삶은 죽음의 선상에 위치하고 있기 때문이다. 비록 우리들이 이 순간 살고 있다고 하지만 언제, 어떻게 죽음이 올지 모른다. 그러므로 죽음의 면전에서 어떻게 잘 살다가 잘 죽을 것인가가 결국 일생일대의 관건이다.

사실 잘 살기도 어렵지만 잘 죽는 건 더욱 더 어렵다. 왜냐하면 삶은 자신이 통제할 능력이 있지만 죽음은 이미 자신이 통제할 능력을 상실한 상태로, 육안으로도 보지 못하는 불가시의 경계이기 때문이다.

『수타니파타(Suttanipāta)』 제3 대품大品의 「전경箭經」에서는 삶의 의미와 죽음에 대해 다음과 같이 말하고 있다.

"이 세상에서의 인생은 끝내 허무(죽음)로 돌아가고, 또한 돌아가는

---

1 유정有情: ①감정과 의식意識을 갖고 있는 생명체를 일컫는다. 현장법사 이전의 고역古譯에서는 중생衆生으로 표현하였고, 현장법사 이후 신역新譯에서는 유정으로 표현하였다. ②생존의 주체, 곧 영혼을 일컫는다.

곳을 알지 못하며, (산다는 것도) 번뇌 속에서 그리고 짧은 인생의 긴박한 시간에 쫓기면서 고통으로 충만하다. 살아 있는 자는 죽음을 면할 방법이 없으니, 노년에 이르게 되면 (병들고) 바로 죽음이 다가온다. 이것이 삶의 자연적인 법규이며 규율規律이다.

비유하면 익은 과일이 바로 떨어지려고 하는 것처럼, 사람은 삶의 선상에서 항상 죽음의 위험에 직면하고 있다. 마치 도공이 도자기를 제작하였지만 최후에는 결국 깨지고 부서지는 것과 같다. 우리들의 인생 또한 이와 같다. 어린이든 어른이든, 어리석은 자든 지혜로운 자든, 사람은 모두 죽음의 신의 통제를 받으며, 모두가 돌아가 묵을 곳은 죽음뿐이다.

죽음에 임한 자가 죽음의 신의 통제를 받아 다른 세계로 나아갈 때, 부친도 자식을 구제할 수 없고 친인도 구제할 수 없다. 현실을 직시해 보라! 죽음에 임한 친인을 보고 울고불고 죽는 사람을 쳐다보지만 (죽을) 사람은 사신死神에 끌려감이 마치 도살장에 끌려가는 소와 같다.

인생이란 이렇듯 병들고 늙는 슬픔과 죽음의 좌절뿐이다. 그래서 지혜로운 자는 인간 세상의 규칙을 알고는 다시 슬퍼하지 않는다.

그대가 온 길과 갈 길을 알지 못하고 양자(삶과 죽음)의 종점을 보지 못하면서 슬픔으로 애써보지만 효과를 거두지 못한다. 어리석은 자는 슬퍼하며 단지 자신을 상해傷害할 뿐이다. 만약 슬퍼함이 유용하다면 지혜로운 자 또한 그렇게 행할 것이다. 울고불고 하고 근심과 상심을 해도 마음을 평정平靜하지 못하고 단지 고통만 더할 뿐이며 신체에도 손해이다. 파리해지고 초조해지고 자기가 자기를 상해하지만 그렇다고 죽은 자가 다시 부활하는 것도 아니고, 슬퍼하며 애써보지만 아무런 소용이 없다. 죽는 자를 위해 슬퍼하며 부르고 울고 몸부림치지만 슬픔에 더 잠길 뿐 슬픔을 벗어나지 못하고 고통만 더할 뿐이다.

그 업에 따라 죽어간 사람을 보라! 그들은 죽음의 신에 통제되어 이 세상에서 전전긍긍했을 뿐이다. 사람들은 여러 가지 생각을 갖고 있지만 실재는 생각과 같지 않다. 죽음의 이별도 바로 그렇다. 보라! 이것이 인간 세상의 법칙이며 규칙이다. 어떤 사람이 일백 년을 살고 더욱 더 많이 산다 해도 결국에는 친인과 헤어져야 하고 이 세상의 생명을 포기해야만 한다. 그렇기 때문에 성자 아라한[2]의 말씀을 듣고 슬픔을 버려야 한다.

---

[2] 아라한阿羅漢: 범어 arhat의 주격 arhan의 음역으로, 깨달음을 얻은 성자라는 의미이다. 여기서 타인으로부터 응당 공양을 받을 만한 사람이란 뜻도 가진다. 또한 부처님 십호(열 가지 명칭) 중의 하나로 부처님을 의미하기도 한다. 그런데 소승불교에서는 아라한이 최고의 성자聖者이다. 본래 아라한은 부처님을 일컫던 말이었는데, 후에 부처님을 최고로 보고 그 다음, 즉 부처님 제자 중에 제일 높은 경지에 오른 분을 아라한의 계위(阿羅漢位)에 올랐다고 칭하였다.

죽어 가는 사람을 볼 때 바로 생각을 한다. '나는 다시는 그가 간 곳을 보지 못한다.' …… 참으로 영원한 진리의 행복을 추구하는 사람은 응당 자신의 (지혜)화살로 자신의 슬픔과 욕망과 근심을 뽑아내야 한다. 이 화살로 뽑아버리면 바로 집착하는 바가 없고, 마음이 평정해지고 일체의 근심과 상처를 초월하고, 근심 걱정이 없고, 해탈에 도달한다."

또 제4 팔송경품八頌經品의 제6「쇠노경衰老經」에서는 다음과 같이 말한다.

"생명은 확실히 짧아 백세에 이르지도 못하고 바로 죽어야 한다. 혹 더 오래 산다 해도 최후에는 여전히 쇠하고 늙고 죽는다. 인간들은 자신이 좋아하는 물건을 아까워하지만 소유한 물건은 영원하지 못하다. 존재하는 물건들은 결국 소멸해야 함을 인식하고 자신의 것에만 집착하는 삶을 살지 말아야 한다.

사람들은 '이것은 내 것이다'고 알지만 여전히 죽음과 함께 잃어버리는 것이다. 이 점을 인식하면 성실하고 지혜로운 자로 (이기적인 삶의) 자아를 숭배하지 않는다."

이상과 같이, 그리고 다른 여러 경전들을 살펴보면 도처에서 부처님은 우리들에게 현상의 무상함 속에서 생멸生滅의 본질을 깨닫게 하여 이 세상에서의 탐욕과 미련을 버리고, 비관悲觀이 아닌 "삶을 요달하고 죽음을 해탈하라! 생사일여生死一如이다", "태어남은 죽음의 시작이고, 인생은 너무 짧은 것이다. 이 세상을 탐내며 집착하고 전전긍긍하며 사는 사람들을 보면 너무 가련하다"라고 누누이 역설하셨다. 흘러가는 강물처럼 끊임없이 변하는 생멸의 본질적 현상 속에서 삶의 가치를 바르게 인식하고, 또한 죽음을 바로 인식하는 것이 인생의 근본문제이다. 그러나 우리 범부들은 현실에서 어떻게 하면 물질적으로 풍족하게 잘 먹고 즐기며 살 수 있는가의 삶만을 추구하고 있다.

사실 삶의 뒷면이 죽음이고, 마찬가지로 죽음의 뒷면이 삶인 줄 모르고 우리는 허덕이고 있다. 삶과 죽음은 형제이며, 앞서거니 뒤서거니 끊임없이 서로 따르고 함께 하고 있는 게 우리의 생명이다. 왜냐하면 인간의 생명은 육체와 심식의 두 부분으로 구성되어 있고, 생명이란 정신(심식)과 물질(육체)이 서로 영향을 주고 서로 작용을 하는 현상에 불과하기 때문이다. 육체의 부분을 외적으로 보면 우리들 자신은 자기 것이라고 알고 있지만 실제로 육체는 우리들 것이 아니다. 그렇기 때문에 우리들 자신이 그것을 통제하지 못한다. 이 육체는 시시각각으로 변하여 늙게 되고 병들게 되고 마지막에는 반드시 죽어야 한다. 사실 매 시각마다 신체의 어느 부분은 사망을 하고 있다.

실제 생존이란 살아 있는 세포와 죽은 세포 간에 평형의 상태를 유지한 것에 불과하다. 우리들은 이런 육체의 본질을 모르고 자기 것이라고 알고 있다. 그러나 사실은 그렇지 않은 것이다. 모든 사람은 영아·유년에서 소년으로 변하고, 소년에서 장년·노년으로 변한다. 그러나 몇 번을 탈바꿈하여 변한 것인지 우리들 자신은 알지 못하고 있다. 이런 변화로 앞과 뒤의 세포는 이미 완전히 다른 것이 된다. 심식(정신) 또한 이와 마찬가지이다. 더욱이 심식은 변화가 더 심하다. 그래서 생명은 인과율로 생기는 현상이고, 끊임없는 생멸의 현상일 뿐이다.

그러므로 죽음이란 생명의 영원한 끝남이 아니고 단지 정신(심식)이 육체를 떠났을 뿐이며, 이 정신이 하나의 새로운 생명에 들어감을 일컫는다. 정신이 떠난 육체는 생명의 요소를 잃고 썩게 된다. 그래서 생명이란 하나의 불연속의 연속적인 의식의 경계로 구성되어 있다고 할 수 있다. 즉 최초의 하나의 경계는 생유의식生有意識 혹은 출생의식(birth-consciousness)이고, 최후의 하나의 경계는 죽음의 순간적 임종의식 혹은 사망의식(death-consciousness)이다. 이 양자 사이의 경계는 옛것에서 새것으로 탈바꿈하는 하나의 경계로, 이를 중음 혹은 중유의 경계라고 한다. 간단히 말하면 중음이란 임종 후 다음 생에 육신의 몸을 얻기 전까지의 상태를 말한다. 티벳불교에선 이 중음의 경계를 3단계로 구분하여 ① 임종중음(臨終, 치카이 바르도The Chikhai Bardo), ② 실상중음(實相, 초에니 바르도The Chönyid Bardo), ③ 재생再生 혹은 수생受生 혹은 투생중음(投生, 시드파 바르도The Sidpa Bardo)이라고 하였고, 이를 초기·중기·후기로 구분하였다. 죽음이란 다른 생명의 형태로 시작되는 순간이지 생명의 끝이 아니다. 그래서 한 생의 죽음을 한 번 옷을 갈아입는 것에 불과하다고 비유하기도 한다.

사후 중음신[3]은 중음기간 중에 7일을 일기 혹은 일생으로 하여 일곱 번 태어나고 죽는다. 그래서 7×7=49일이다. 이 기간 중 중음신은 짧게는 일주일, 길게는 49일간 생사의 과정을 겪는다. 만약 망자의 중음신이 7일간 머문다면 3일 반은 초기·중기중음에 속하고, 뒤 3일 반은 후기중음의 단계이다. 만약 망자의 중음신이 7주일(49일간)을 머문다면 앞 3주일 반은 초기·중기중음이고, 뒤 3주일 반은 후기중음의 단계이다. 티벳 사람들은 특히 임종 이후 제4주가 가장 중요하다고 한다. 왜냐하면 대부분의 사람들은 중음신의 단계가 4주일을 넘지 않기 때문이다. 그런데 대만에서는 임종 이후 제3주와 제7주가 가장 중요하다고 한다. 제3주가 중요한 것은 중기 중음신의 단계이기 때문이고, 제7주가 중요한 것은 마지막 최후의 중음신의 단계이기 때문이다.

임종 이후 제3주인 21일간 중음신의 망자는 전세前世에 대한 인상印

---

[3] 중음신中陰身: 중음의 단계에 있는 몸을 일컫는다. 또한 의생신意生身·중유신中有身·의식신意識身이라고도 한다.

象이 가장 강렬하다고 한다. 그리고 기억력은 살아 있을 때보다 9배나 강하다고 한다. 그래서 이때가 망자를 위한 산 자의 천도薦度 도움이 가장 중요한 시기이다. 또한 중음기간 중 망자에게 가르침을 듣게 하는 제도濟度가 중요한 이유는, 중생들의 감각기관 중 귀의 기능이 가장 예리하여 방금 임종한 사람도 여전히 주변의 소리를 들을 수 있기 때문이다. 특히 정토종에서는 임종을 맞이하면 바로 왕생을 위해 칭념염불稱念念佛을 하는데, 늦어도 8시간 이내로 망자를 위해 부처님 명호를 염송하는 칭념염불을 한다.

누구든 임종중음·실상중음의 기간이 지나면, 중음신 혹은 의생신[4]은 투생중음에서 미래의 부모를 만나 출생하는 업의 연을 얻게 되고 다음 생으로 전세轉世를 하게 된다. 그러므로 중음기간에 망자의 구도救度를 위해 가장 실용가치가 있다고 인정하는 밀법 경전인 『중음제도경』[5]에 나타난 임종 이후 중음과정의 3단계를 간략히 보고, 그 다음

---

[4] 의생신意生身: 중음에 있는 몸을 일컫는다. 이는 죽은 후 중음에서 하나의 생명 개체가 다음 생의 육신肉身을 받기 전의 상태 혹은 단계에 있는 의식意識의 몸을 말한다. 즉 의식 혹은 신식神識으로 생긴 몸이라 해서 의생신이라 한다.

[5] 『중음제도경』의 원저자는 서기 8-9세기경의 인도 승려 연화생대사(蓮華生大士, Padmasambhava)로, 그는 티벳불교의 시조이기도 하다. 본래 인도의 불교대학인 나란타사那爛陀寺에서 유가학瑜伽學을 담임하던 고승이었는데, 비술秘術에 대한

가장 중요한, 즉 중음에서 실제 닦을 수 있는 해탈 방법을 살펴보도록 하겠다.

전문지식도 당시 대단한 권위를 가졌다. 서기 747년에 티벳 왕의 초청으로 티벳과 인연을 맺게 되었고, 『중음제도경』 외에 밀교전적典籍 및 유가瑜伽공부와 금강승金剛乘의 무상대법無上大法을 전수하였다. 9세기 초에 이러한 경전 중 약간을 티벳의 각 사원에서 사용하며 보존케 하고, 적당한 신비의식을 거행하게 하였으며, 다른 부분은 여러 은밀한 곳에다 숨겨두었다고 한다. 9세기 초에 통치자 랑다르마 Langdarma에 의해 불교가 박해를 당하자 경전들을 암석 밑에나 동굴에 매장한 것이다. 이는 일반적으로 공인된 전설이다. 『중음제도경』은 그 후 은장隱藏되어 전해지지 않다가 연화생대사의 제5세 전생자轉生者인 카르마링파Karma-Lingpa가 서기 14-15세기경에 티벳 북부의 감파산甘波山에 매장되어 있던 것을 발견하여 다시 전해지게 되었고, 외부에는 비밀로 하고 보존하였다. 당대에 이르러 영국의 옥스퍼드대학에서 동양의 생사문제를 탐구하던 미국인 에반스 웬츠W. Y. Evans Wentz가 티벳 승려 카지다와 삼둡Kazi Dawa Samdup을 만나 1927년에 옥스퍼드대학에서 『티벳 중음제도경』을 영문으로 번역하게 되어 오늘날 전 세계에 전해지게 되었다. 티벳어로 『중음제도경』의 원명原名은 바르도 퇴돌The Bardo-Thödrol이다. 바르도Bardo는 중유中有 혹은 중음, 즉 중음의 상태를 뜻하고, 퇴돌Thödrol은 법을 듣고 해탈을 얻음 또는 한 번 들은 교법으로 바로 해탈을 증득함이라는 뜻이다. 따라서 Bardo-Thödrol을 '중음문교득도中陰聞敎得度' 혹은 '중음득도中陰得度'라고 번역한 것이다. 즉 사후 아직 투생投生에 들어가기 전을 "중음中陰"의 단계라 한다. 이때 망자에게 자신을 부르는 이름과 이 『중음제도경』을 독송하는 소리를 듣게 하여 중음기간에 나타나는 여러 가지 공포의 험난한 경계에서 벗어나 불과佛果를 얻고 생사윤회의 고를 해탈하게 하는 것이 이 경의 목적이다.

II. 중음에서 해탈하기

1. 제1단계 초기중음 – 임종중음

죽음의 순간 인간의 경험의식 혹은 객체의식은 활력活力을 잃게 된다. 이때를 혼미라고 말한다. 다시 말하면, 목숨이 끊어지게 되면 3일 반이나 혹은 4일까지 망자는 평상시와 다름없어 대부분 잠자는 상태와 비슷하거나 혹은 혼미한 상태이다. 그리고 그 신식(神識; 영혼)은 자신이 이미 육체를 떠났음을 아직 모른다. 이 순간 죽은 자는 세상에서 지은 업력이 그를 잡아끌어 가려고 할 때 처음으로 초기의 명광(明光, illumination)을 만나게 된다. 이 명광은 청정한 의식의 출현을 말한다. 즉 자성미타自性彌陀 본성本性의 현현顯現이다. 하지만 죽은 자는 살아생전의 경험의식의 활력을 잃어버린 혼돈의 상태일 뿐이다.

신식이 아직 휴식처를 찾지 못하였다면 그때를 초기 혹은 임종중음이라고 한다. 즉 처음 죽은 자의 경계이다. 결국 이때 죽은 자는 비록 자신은 죽었다고 알게 되지만 그는 여전히 생전의 기억을 갖고 살아생전의 육신에 있다고 생각한다. 사실 이는 의식작용에 의한 일종의 꿈이나 환상의 몸, 즉 상상想像의 몸이다. 이를 의생신意生身 또는 중음신中陰身 혹은 영혼신靈魂身이라고 한다.

2. 제2단계 중기중음 - 실상중음의 죽음해탈

제2단계에서는 일단 경험의식을 잃고 난 다음의 실상중음에서 청정한 의식이 출현하는데, 이는 무형무색의 명광明光으로 나타난다. 즉 죽은 후 4일(혹은 3일 반)째에 혼미한 상태에서 깨어나 실상중음이 시작되고, 이 기간에 불보살이 방광을 하면 임종자는 부처님을 친견하게 된다. 즉 임종하는 사람에게 여래를 억념하게 하여 죽은 후에 능히 여래의 정토에 들어가게 하는 것이다. 죽음의 순간이나 혹은 방금 죽은 사람에게 나타나는 청정의식을 받아들이게 하고 권청勸請을 하게 하여 이로 인해 명광을 만나게 되고 또한 이로 인해 해탈을 얻는다.

   이 제2단계의 실상중음은 임종의식(신식)이 여러 번 혼미상태와 깨어남을 반복하다가 완전히 한 번 회복할 때이다. 즉 임종의식이 혼미상태에서 소생한 것으로 영혼의 복합체가 된다. 단 여기에서의 소생은 죽기 전에 혼미한 상태에서 깨어남과는 의미가 다른 차원이다. 혼미의 상태에서, 즉 초기중음의 완료 이후 중기중음인 14일 정도까지가 임종의식이 완전히 회복되는 시기이다. 다시 말하면 망자가 초기중음의 단계에서 법신(Dharma-kāya)의 명광을 만나고, 초기 및 중기중음의 기간에서 해탈할 기회를 얻는 길이다.

3. 제3단계 말기중음 – 재생再生·수생受生 혹은 투생投生중음

죽은 후 15일부터 바로 후기중음의 단계에 들어간다. 그리고 이 중음의 기간 중 사후 22일 정도에는 업력이 강렬하여 재생의 문을 막는 게 가장 중요하다. 만약 초기와 중기중음에서 해탈을 얻지 못한다면 망자는 재생 혹은 투생을 찾는다. 이때 그는 살아생전 생활의 상황이 갈수록 희미해지고 서서히 내생의 징후가 나타나게 된다. 즉 그의 최초의 생각이 나타나는데, 죽은 자의 업력이 그의 재생의 길을 인도한다. 예를 들면 그는 영혼의 복합체인 일종의 미묘한 영체로써 심판을 받게 된다. 이 영체는 비록 손상이나 훼손을 당하지는 않지만 그는 매우 심한 고통을 느낀다.

중음의식은 바로 천도(천상 혹은 천당)나 인도(인간계), 혹은 아수라도, 아귀도, 축생도로 가게 된다. 이 중음의식은 일종의 변역變易을 하는데, 이는 최후에 업력이 전환한 형태의 욕망 혹은 심리작용을 일으키는 것을 말한다. 그러다가 의식은 하나의 적합한 모체母體에 기거할 곳을 찾고 이로 인해 재생·출생의식(birth-consciousness)이 생긴다.

4. 중음기간 중 해탈 방법

이상과 같이 임종 이후의 3단계 징후를 살펴본 목적은 사후 중음의 과정을 바로 인식하여 해탈을 위한 방법을 모색하고 타인의 중음의식을 천도하기 위해서이다. 티벳 불교에서는 살아생전에 미리 포와 phowa[6]법을 수행한다. 티벳 사람들은 이 포와 천식遷識법을 망자에게만 사용하는 게 아니라, 살아 있는 이들도 생전에 학습하고 수행을 한다. 매월 음력 초하루와 보름날 학습과 수행을 하면 특별히 가피력이 있다고 한다. 이 포와를 수행하는 사람은 매일 죽음-중음-전세轉世의 과정을 수행하는데, 즉 관상觀想의 대상을 먼저 시현하고 난 후에 집중한 마음(일심) 또는 심령으로 계청啓請하여 시현한 성자聖者 불보살님께 다음과 같이 기도를 한다.

"당신의 자비와 가피력과 지도에 의해, 그리고 당신의 법신에서 유출되는 무량한 광명의 힘에 의해 제가 생각하고 행한 일체 상해傷害

---

6 포와phowa란 의식의 전환을 일컫는다. 이는 의식意識이 다른 형체形體에 들어가는 능력을 말한다. 신식(혹은 임종의식)이 중음에서 가르침을 듣고 청정한 의식을 지니고 미래의 상태를 결정하는 의식전환意識轉換이다.

를 자비로 용서해 주옵소서! 저의 모든 악업과 번뇌, 무명과 업장을 소멸하여 청정한 마음이 되기를 원하옵니다. 저는 이 심오한 포와 phowa법을 수행하고 성취하여 죽을 때 선종善終으로 안온하게, 그리고 죽음을 통해 일체 이로움과 좋은 점은 타인에게 주고 일체 손실과 잘못된 점은 제 자신이 책임지겠습니다. 이러한 승리로 제가 일체 중생에게 이롭게 되기를 원하나이다."

이와 같이 죽음-중음-전세轉世의 과정을 매일 수행해 가면, 어느 날 갑자기 죽음이 닥치더라도 당황하지 않고 죽음에서 해탈할 수 있다. 왜냐하면 임종을 했을 때 실상중음에 명광을 미리 인식하여 중음에서 증득認證하고 바로 무상보리를 얻고 윤회로부터 해탈을 하기 때문이다. 그리고 이렇게 죽음의 과정을 학습하고 명백히 의미를 안다면 바로 인생의 의미를 아는 지름길이기도 하다. 죽음을 학습하여 바로 삶의 의미를 일깨우게 되고 마음을 광대무변하게 열고 건전한 생활을 기반으로 일체 미덕을 건립하는 초석이 되기 때문이다.

만약 살아생전에 미리 죽음-중음-전세의 과정을 수행하지 않는다면 죽음을 알려고 하지 않고 다만 삶만을 추구할 것이다. 이런 사람은 자신의 육신에 집착하기 때문에 마지막 중음신의 기간인 49일 동안 다음 생으로 전환되어 새로운 육체에 들어가야 하는 데도 불구하고 자신이 죽은 줄도 모르고 방황을 한다. 이러한 방황이 몇 주일 혹은 길게는 몇 년도 간다고 한다. 자신이 죽은 줄 모르고 중음기간에 살아생전의 식구·친지나 친구의 주변을 맴돌지만 그들은 자신을 알지도 보지도 못한다. 망자의 의생신意生身은 이때 당황하고 놀라지만 혼미한 상태로 이미 다음 생으로 넘어가, 자신을 어떻게든 구제할 능력을 상실한 상태가 된다. 중음기간에 해탈하거나 제도가 되지 않은 망령亡靈의 의생신은 업력의 업풍에 의해 무서운 중음의 세계가 펼쳐지고, 이때 망령은 여전히 자신은 육신이 있고 살아 있다고 생각하고 매우 놀라고 무서워한다. 하지만 이 경계는 꿈과 같은 상태로 자신의 업과 습기가 만들어낸 전경이고, 이 업풍에 밀려 악도에 태어나게 된다.

특히 티벳불교에서는 임종을 맞이하여 죽음의 징후[7]가 여러 가지로

---

[7] 죽음의 징후는 세 가지로 나타난다. 즉 체내에서 지地가 변하여 수水가 되고 신체를 중압하는 느낌을 받는다. 그 다음 수가 변하여 화火가 되고 신체가 냉하고 습한 느낌을 받는다. 다음은 화가 변하여 풍風이 되고 이때는 마치 신체가 바람에 나부끼는 것처럼 느끼고 미진이 된다. 이때 신체의 외부에 현저한 현상이 나타난다. 예를 들면 육신의 귀는 듣지 못하고 눈도 또한 보지 못하고 숨은 헐떡거리기도 한다. 이때 중음의 몸으로 심식(일명 영혼 혹은 신식)은 신체를 떠나고 임종자는 혼미상태이다. 이런 죽음의 징후가 나타나면 응당 바로 망자에게 마음을 하나로 모아 집중하도록 부탁하고 염불을 하거나 천도를 시작한다.

나타나게 되면 망자의 중음신, 즉 의생신 혹은 망령亡靈을 위해『중음제도경』을 3번 혹은 7번 독송한다. 초기중음의 경계에서 최후의 경계까지 경책하며, 마지막 재생 혹은 투생을 막는 법문을 하여 좋은 곳으로 전생轉生을 하게 하는 것이 바로『중음제도경』의 궁극적 관심이다.

이제부터 가장 중요한, 중음기간 중 중음신의 해탈을 위한 실수實修의 방법에 들어가겠다. 이것이 중음제도로, 중음기간에 중음신中陰身이 가르침을 듣고 제도·해탈되는 길을 제시한 것이다. 그리고 이는 불법을 배우는 3단계 중 처음의 문聞에 해당된다. 문聞은 불법을 들음이다. 즉 청법을 말한다. 수행에 있어 응당 먼저 문을 한 다음은 사思이다. 사는 원리나 이치와 같은 사유를 말한다. 그리고 마지막 공부 수修는 법과 같은 수행의 학습이다. 문聞이란 타인의 도움에 의한 타력적인 공부이고, 사思와 수修는 직관에 의한 이해와 지식적 이해에 의한 자력적인 공부이다. 문은 즉 청문聽聞 혹은 성문聲聞에 의한 오도悟道를 뜻한다. 그러므로 문은 이른바 배우는 자가 가르침을 믿는 마음으로 듣는, 즉 배움(청문)에 의한 신심이 정신적인 실재로 전환되어 능지能知와 소지所知가 합일된 정지正知의 경계이다. 이게 바로 "중음득도得度"의 의미로써, 가르침에 의한 내적인 자성미타自性彌陀를 인지하는 계기의 기회이고 융입하여 해탈하는 길이다.

제1단계 임종중음(초기중음)의 해탈 방법

임종중음(초기중음)의 기간은 대략 사후 1일에서 4일(혹은 3일 반)까지의 기간이다. 임종을 맞이한 자의 호흡이 아직 멈추지 않았다면 조용히 임종자가 편안한 마음으로 임종발원[8]을 하게 한다. 그리고 임종자 주변에서 선지식은 염불을 해 주고, 망자를 위해 다음과 같이 실행한다.

첫째, 임종의 자세는 우선 마지막 날숨이 멈추면 머리를 북쪽에 두고 얼굴은 서쪽을 향하게 하며 오른쪽 측면으로 눕힌다. 이는 석가모니 부처님의 열반 자세이다. 그 다음 두 다리는 곧게 펴게 하여 왼쪽 다리를 오른쪽 다리 위에 겹쳐 놓는다. 왼쪽 팔은 두 다리가 겹쳐진 왼쪽 다리 위에 올려놓는다. 오른손은 뺨 아래로 받쳐 베게 한 상태에서 식지(食指; 둘째손가락)로 오른쪽 귓구멍 앞을 눌러 막고 소지(小指; 새끼손가락)로 오른쪽 콧구멍 옆을 눌러 막아 왼쪽 콧구멍으로 호흡을 하게 한다.

이런 자세를 하는 이유는 오른쪽 면으로 누우면 가볍게 압박이 되어 인후 부분 및 오른쪽 동맥을 움직이지 못하게 하여 심식(심기)을

---

[8] 티벳 『백업경』에 의하면 석가모니 부처님께서 "임종의 발원대로 내생을 받는다"고 말씀하셨다.

중맥[9]에 머물게 하고, 그리고 양쪽 다리를 겹치게 되면 하반신의 두 문을 막아 악도(지옥도와 아귀도)에 떨어지는 것을 방지하기 때문이다. 오른쪽 귓구멍을 막아 여러 악귀로 전생하는 것을 방지하고, 오른쪽 콧구멍을 막아 아수라도에 떨어지는 것을 방지한다. 왼쪽 콧구멍을 열어 인간도(인간계)에 태어나게 하거나 또는 천상에 가도록 길을 연다. 그리고 이런 자세가 임종중음의 심식을 정륜頂輪의 범혈梵穴, 즉 백회百會를 통해 신체를 떠나게 하기 때문이다. 이때 다른 공도(孔道; 구멍)는 모두 막고 임종의 심식(심기)이 단지 한 곳으로 나가게 해야 한다.

밀집密集『생기차제석론』에 의하면 임종을 할 때 7만2천 가지의 기맥[10] 내에 있던 일체 기氣가 모두 정맥精脈과 혈맥血脈의 두 맥에 들어가고 두 맥은 다시 중맥에 융입하여 들어간다. 그리고 중맥에 상하의 기가 다시 융입하여 중맥 중앙의 미세한 공맥空脈의 관管에 머물러 홍백계[11]를 형성하고, 그 중앙의 극히 미세한 심기[12]가 동일한

---

9 중맥中脈: 이곳은 심륜心輪 구역의 맥단脈段이다.
10 기맥氣脈: 티벳 불교에 의하면 인간의 몸은 7만2천 가지의 기맥과 중맥中脈·정맥精脈·혈맥血脈이 있다고 한다.
11 홍백계紅白界: 홍백은 홍명점과 백명점을 말하고, 계界는 원소元素의 의미이다. 즉 홍백계는 정혈精血의 원소이다.

체성(體性; 평등 자성청정의 본성)의 부분이 되어 훼손되지 않는 생명을 지닌 기[持命氣]로 융입되고, 몸은 사망을 한다. 그리고 이와 같이 사망한 사유[^13] 광명의 심식은 움직임이 없이 얼마간 멈춰져 머문다. 즉 사유死有 광명의 극히 미세한 심기(心氣; 심식)가 얼마간 멈춰진 상태일 때 심간(心間; 심륜 중앙의 중맥이 위치한 곳)에 있던 홍백계명점[^14]이 이 심기(심식)를 움직이기 시작하여 육신을 벗고 바깥 경계(세계)로 나가게 한다. 이와 동시에 심간心間 중맥에 백계白界는 하강을 하여 가장 음밀한 곳(생식기문)에 이르고, 홍계紅界는 역으로 올라와 비문(鼻門; 콧구멍문)에 이르러 모두 나간다. 이때 사유死有 광명에서 나온 극히 미세한 심기(심식)는 곧바로 중유中有(중음)를 형성하고, 중유(중음)의 기신氣身인 중음신中陰身이 된다.

---

12 극히 미세한 심기心氣: 심기를 신식神識이라고도 한다. 심心에는 청정한 심과 탁한 심이 있고 또한 미세한 심과 거친 심이 있다. 기氣는 일종의 온몸을 두루 움직이게 하는 역동성이다. 기에도 청정한 기와 탁한 기가 있다. 그러므로 심기에는 청정하고 미세한 심기가 있고 청정치 못하고 거친 심기 두 종류가 있다. 극히 미세한 심기는 바로 개체에 내재되어 있는 청정한 법성의 본성이 현현하는 심식을 말한다.
13 사유死有: 죽을 때(임종할 때) 최후 한 찰나의 존재를 일컫는다.
14 명점明點: 명점은 두 종류가 있다. 백명점의 중요한 중심은 정상頂上의 정륜頂輪이고, 홍명점은 제륜臍輪에 있다.

어떤 기맥氣脈은 무명의 업력에 의해 일어나게 되어 악도를 향하는데, 몸을 오른쪽으로 눕게 하고 오른쪽 콧구멍을 막으면 이러한 기맥을 막게 하고, 사망에 이르러 처음 법신의 명광이 출현할 때 임종자를 돕는다. 그러므로 임종을 할 때에 제일 마지막 한 순간 심식(심기)이 육체를 떠나게 될 때 반드시 왼쪽 콧구멍이나 정륜(백회)을 통해 나가게 하는 게 매우 중요하다.

모든 사람은 육체의 체내에 심식이 존재해 있고 또한 맥이 있고 기가 있고 명점明點이 있다. 명점은 체내에 기를 운행하게 한다. 심식이 육체를 떠날 때는 지각知覺에 의해 기가 이동을 하게 되며, 심식과 기가 하나가 되어 신체의 위로 향하거나 아래로 향하여 신체의 하반부나 상반부로 나가게 된다. 하반부로 나갈 경우에는 3악도[15]에 투생(재생)을 하게 되고 상반부로 나갈 경우에는 3선도[16]에 투생을 한다. 또한 『밀속密續』에 의하면 약간 상이한 차이점이 있는데, 즉 지옥으로 가는 자는 항문으로 나가고 아귀도는 요도(생식기)로 나가고 인도(인간계)는 눈으로 나가고 천도(천상)는 배꼽으로 나가고 야차는 코로 나가고 천상과 비인(非人; 천룡팔부)은 귀로 나가고 색계色界의 천상은

---

[15] 3악도三惡道: 생사유전의 육도六道 중 ①아귀도 ②축생도 ③지옥도를 말한다.
[16] 3선도三善道: 생사유전의 육도 중 ①아수라도 ②인간도 ③천상도를 말한다.

미간 중앙으로 나가고 무색계無色界의 천상은 정륜(頂輪; 백회)으로 나간다고 한다. 그래서 임종의 최후 순간에 반드시 신체의 상반부로 나가게 하기 위해 왼쪽 콧구멍 또는 머리의 정륜(백회)으로 나가도록 하는 것이다.

둘째, 흰 천으로 임종자를 덮고 임종 과정을 방해하지 말며, 임종 후 가능한 망자의 시신을 8~12시간 동안 손을 대지 않는다. 물론 임종자에 따라 다르지만 심식이 아직 육신을 떠나지 않았기 때문이다. 만약 마지막 날숨이 멈추면 들숨이 멈추지 않았더라도 사람들은 심식이 이미 멸한 줄로 안다. 사실 임종자의 심식은 중맥에 머물러 있는 상태로, 오래 머물기도 하고 잠시 머물기도 하며, 맥과 심식이 혹은 강하기도 하고 약하기도 하다. 임종자가 생전에 선정이나 다른 수행을 했었다면 강한 맥이 완전하여 심식이 머물게 되고 이때는 반드시 오래간다.

셋째, 임종을 할 때 방안의 분위기를 안온하게 해야 한다. 그리고 임종자나 방금 임종한 망자에게 말할 때는 온유하고 공경한 말씨로 조심스럽게 말해야 한다. 왜냐하면 망자의 심식에 악영향을 끼치는 말투나 내용은 망자에게 화를 나게 하고 그 상황에 따라 악처에 떨어지기 때문이다. 임종 때에 심식은 매우 민감하며 어떠한 상황의 심식상태인가에 따라 전생轉生을 하기도 하기 때문이다. 그러므로 자비한 마음으로 임종자를 대해야 한다. 왜냐하면 임종의 순간에는 정념正念이어야 하고, 임종의 마지막 일념一念이 내생의 운명을 결정하는 열쇠가 되기 때문이다.

  넷째, 마지막으로 임종자의 호흡이 완전히 멈추었거나 혹은 완전히 멈추지는 않았지만 혼미상태이면 임종심식(일명 영혼)을 천도하기 시작한다. 호흡이 멈춘 후 혼미상태는 대략 3일 반나절 정도 간다. 그리고 마지막 호흡이 멈춘 후 한 번 식사를 할 정도의 시간 내에 계속 발하는 명광明光을 임종자는 경험하게 된다. 이는 임종자가 마지막 한 숨을 내쉬고 난 후 생명력(持命氣) 혹은 심력心力, 혹은 영력靈力이 하강을 하면서 지혜의 맥륜脈輪에 들어가 능히 아는 신식神識이 법신의 근본 명광을 체험하는 시기이고, 그리고 이 신식(일명 심식 혹은 영혼)이 제륜臍輪을 통과하고 좌우의 맥을 지났을 때 중음의 경계가 잠시 현현한다. 이때 불법佛法을 만나지 못했거나 불법을 만났어도 별로 학습 수행한 게 없다면 생전의 업력에 의해 끌려가고 이 명광을 회피하여 해탈을 못한다. 그리고 7일을 1기期로, 즉 중음의 일생으로써 연장하여 7×7=49일간을 중음의 세계에 있게 된다. 그리고 마지막 호흡이 멈추게 되면 반드시 임종자 자신이 이미 죽은 줄 알도록 일깨워야 한다. 왜냐하면 평소 죽음을 수련하지 않은 어떤 망자들은 자신이 이미 죽은 줄 인식하지 못하고 중음의 해탈 기간을 넘기도록 구천을 떠도는 경우가 있기 때문이다.

  그리고 죽음의 징후가 나타나기 시작할 때 가장 중요한 것은 진심으로 망자를 위하는 선지식이다. 즉 지성으로 망자를 위한 기도・천도를 할 수 있어야 한다. 왜냐하면 49일 동안 천도를 하는 중에 가령 친인들이 재산분배 등의 다툼을 벌이거나 또는 기도하는 스님들이 천도비용에만 관심을 갖는다면 망자는 모두 보고 진노를 한다. 그럴 경우 망자에게는 유익함이 없고 생사유전을 하게 만든다. 49일간 친인들은 망자를 위해 절대로 살생이나 육식肉食을 하지 말고, 절대로 영단 앞에서 울거나 슬퍼하지 말고, 정말로 어려운 곳에다 능력껏 보시를 하고, 망자를 위해 모든 공덕을 쌓아야 한다. 이외에도 친인들은 망자 앞에서 어떠한 경전이든 설하여 교법을 이해하게 하고, 49일간 돌아가며 계속 끊기지 말고 정성껏 경전 독송 및 염불을 해준다. 그리고 아무리 영단에 차림 상을 잘 차려놓았어도 돈으로 하는 형식적인 천도재薦度齋라면 망자에게는 별 효험이 없다. 중요한 것은 친인과 선지식이 진심과 지극정성으로 망자를 일깨워 투생중음에서 해탈하게 해야 한다. 지성이면 하늘도 감동한다고 했다. 그러므로 법사스님이나 선지식은 진심으로 천도법을 행하고 망자 또한 진심으로 받아들여야 서로에게 이로움이 있고 효험이 있다.

  가령 천도법을 실행할 경우에 망자가 평생 좋아하고 친숙하던 경전을 병행해서 독송하고 또 불보살 명호를 칭념하여, 망자가 듣고 죽음을 두려워하지 않고 일심불란의 상태로 법신의 광명과 융입이 되도록 인도하는 게 중요하다. 또는 육자대명왕진언(옴 마니 반메 훔) 등을 염송하고 본서의 중음해탈법을 병행하여 망자로 하여금 듣고 신심의 환희심을 생기게 하여 중음의식(신식)이 평형을 찾아 일종의 잠재의식의 경계, 즉 무아의 경계인 법신의 광명과 완전히 결합하는 상태로 이끌어 준다. 사실 평소 죽음을 수행하지 않은 사람들은 그 신식神識이, 즉 중음의식이 어떤 공덕의 염력이 없어 개인의 업력에 이끌려 생전의 생각으로 혼미하게 가려져 평형을 잃고 법신의 광명을 벗어나 아래 단계의 투생중음(혹은 수생중음)에 빠지게 되어 전생轉生 윤회를 하게 된다. 그러므로 보다 중요한 점은 본인이 생전에 미리 의식을 전환하고 인식하여 학습을 해놓는 것이다.

제2단계 실상중음(중기중음)의 해탈 방법

중음의 기간 중 어떤 단계이든 모든 의생신은 법신의 명광과 융입되어 열반에 들어갈 기회가 언제든지 있다. 그러나 실제의 상황을 보면, 일반적으로 보통사람은 공덕이 부족하여 비록 찾는다 해도 힘만 들지 공이 없는 것이다. 그렇기 때문에 진심으로 망자를 위한 선지식이 있어서 망자를 위해 독송을 하고 칭념염불을 하여 망자로 하여금 투생의 상황에 빠지지 않도록 일깨우고 해탈시켜야 한다.

실상중음의 기간은 대략 사후 4일(혹은 3일 반)에서부터 시작하여 14일까지로 이재二齋의 기간이다. 『티벳 중음제도경』의 경문에 의하면 초재의 첫째 날은 망자가 자신이 이미 죽은 줄 알고 다시 인간의 몸을 회복하려고 할 때이다. 즉 죽은 후 3일 반이나 4일이 되어 혼미에서 깨어났을 때이고, 이로부터 제7일이 되는 날이 첫 번째 1기期의 중음을 경험한 초재가 된다.

초기중음의 단계에선 망자의 심륜心輪과 후륜喉輪에서 52분(혹은 42분)의 환희부의 보살들과 지명부의 모든 성존들이 출현을 하고, 그 다음 실상중음은 정륜頂輪에서 58분의 분노부의 모든 본존들이 나타난다고 한다. 즉 대략 사후 3일~7일경에 환희부의 보살들이 출현을 하고 대략 8일~14일 정도에 분노부의 모든 본존들이 현현하는 것이다. 그 이유는, 우선 망자는 생각지 못한 어느 날 갑자기 나타난 죽음 앞에서 친족을 버리고 세상을 등지게 된다. 그 후 망자의 신식神識은 혼미한 상태에 들어갔다 깨어나 그 잃게 된 세상의 기연機緣들을 갈망하고 회복하고자 한다. 그렇기 때문에 불보살들은 안락한 상태의 모습으로 현현하여 망자를 감화시키고자 한다. 하지만 망자의 신식은 격동의 마음이 일어나 잃어버린 일체를 찾고자 하고 업력의 지배를 받아 제일 처음 만난 이 시기에 해탈을 못한다. 결국 환희부 불보살들의 명광에서 멀어지게 된다. 다시 혼미한 상태로 들어가고 다시 깨어나게 되면 마음의 격동이 일어나고 분노부의 불보살님이 출현을 하신다. 이때 망자의 신식神識 혹은 의생신意生身은 두렵고 무서운 중음의 광경을 보고 놀라고 두려워한다.

그런데 심륜·후륜·정륜에서 출현하는 모든 불보살님 성존이나 염라대왕과 나찰들은 자신의 아뢰야식,[17] 즉 잠재의식에 내장되었던

---

17 아뢰야식阿賴耶識: 범어 ālaya-vijñāna의 음역이다. 이를 제8식第八識 또는 근본식根本識 또는 장식藏識이라고도 한다. 근본식 또는 장식이라고 하는 이유는 익장匿藏된 마음의 가장 낮은 의식의 층이기 때문에 하의식下意識이고, 일체 행업이 깊이 내장된 일종의 잠재의식이기 때문이다. 이 아뢰야식이 바로 생사윤회의 주체이다. 왜냐하면 우리의 한 순간의 심리작용까지도 청정하든 부정不淨하든 상관없이 그 영향이나 인상을 모두 잃지 않고 습기習氣 혹은 종자種子의 상태로

사상思想종자 또는 세계종자의 환화幻化가 구체적으로 나타난 것이다. 다시 말하면 심식이라고도 불리는 이 제8식 아뢰야식은 금생만이 아니고 무시이래로부터 금생에 이르도록 행한 일체 선·악업 및 무기업(선도 아니고 악도 아닌 업)을 모두 내장內藏하고 있다. 사람이 죽을 때 먼저 나가는 놈이 바로 이 아뢰야식의 심식이고, 중음에서 태어날 때도 이 아뢰야식이 먼저 태내에 들어가고, 중음에서 모든 선악의 전경이 나타날 때도 먼저 화현化現을 시킨다. 이 아뢰야식에는 무한겁의 업력이 내장되어 있고, 이 내장된 업력에 의해 육도법계의 각종 형체·모양·개성·성격 등등이 형성되고 존재하는 현상을 나타내기 때문이다. 또한 사후 중음경계의 일체 전경도 모두 자신의 아뢰야식에 내장되었던 업력이 자동으로 나타낸 현상이다. 그래서 불법佛法은 마음을 중요시하는 심지법[18]이다. 왜냐하면 심식인 이 아뢰야식이

이 근본식인 아뢰야식에 내장되는데, 이것이 일체 현상의 원인인 종자이고 인생과 세계의 근원이 되기 때문이다. 이 아뢰야식을 세속적으로 말하면 일명 영혼이다. 이 아뢰야식을 달리 종자식·현식現識·아타나식·택식宅識·근본식·제일식·이숙식異熟識·신식神識이라고 한다.

[18] 심지법心地法: 심지心地란 불성佛性 또는 여래장如來藏을 말하며, 일체 중생이 성불을 하게 하는 본질이다. 따라서 중생 성불의 중요한 본질은 심지 공부로, 이것이 바로 심지법이다.

바로 주인공(윤회의 주체)이기 때문으로, 불법은 바로 이 마음을 닦는 공부이다. 그러나 생전에 이런 죽음에 대한 인식이나 수행이나 수련이 없었던 의생신이라면 죽음에 이르렀을 때 이러한 중음의 근본 상태를 모르고 초월할 줄을 몰라 두려워하고 무서워한다. 그러나 평소 죽음을 수행하던 사람이라면 "신심信心으로부터 해탈을 찾으니, 바로 중음이 방편인 것이다." 즉 중음에서 처음 자성 법신의 명광이 현현했을 때 바로 인식하고 증득하며, 이 중음기간에 법신의 성현聖賢경계에 융입하여 해탈을 한다. 그러므로 생전에 이런 학습을 한 사람이라면 중음에서 그 학습과정을 하나하나 일깨워 근본명광에 안주한다.

이제부터는 정말로 중요한, 실상중음(중기중음)의 단계에 온 망자에게 실수實修의 해탈법을 다음과 같이 실행한다.

1) 초재初齋

초재 첫째 날부터 여섯째 날까지는 희락부喜樂部의 모든 성존聖尊들이, 일곱째 날에는 지명부持明部의 모든 성존들이 망자 앞에 현현하여 오면서 받아들이려고 한다. 52분(혹은 42분)의 환희의 보살들과 지명부의 모든 성존들이 바로 망자의 심륜心輪과 후륜喉輪에서 출현하신다. 그러므로 다음과 같이 실행을 한다.

(1) 초재 첫째 날 망자에게

"존귀하신 ○○○(명칭) 영가시여!"[19]

"잘 듣고 잘 들으십시오! 당신의 호흡은 이미 멈추었습니다. 지금 당신은 3일 반의 시간 동안 계속 혼미의 상태에 있었고 이 세상을 해탈할 때가 되었습니다. 그렇다고 놀라거나 두려워하지 마십시오! 지금 지대地大가 수화水火에 빠지는 징후가 나타나는 것입니다. 당신은 지금 중음의 경계를 잘 인식하셔야 합니다. 당신의 모든 윤회의 수레가 돌아가려고 합니다. 그러므로 당신은 여러 가지 업력에 의한 희미한 빛이 나타나 당신을 데려가려고 하기도 하고, 동시에 투명하고 밝은 법신의 빛이 나타나 당신을 인도하여 해탈케 하거나 부처님세계로 인도하고자 할 것입니다. 당신은 이러한 상황을 잘 살피시고 두려워하지 마십시오."

"당신은 모든 하늘에 투명하고 찬란한 남색의 빛이 나타남을 볼 것입니다. 그건 바로 당신에게 밝은 법신의 빛〔明光〕을 만날 기회가 된 것입니다. 투명한 진공의 빛이 나타나면 이때 빨리 당신 자신이 알아야 하고, 또한 이 경계에 안주하면 바로 이때 당신은 그 법신에

---

[19] 일반 재가자일 경우는 '○○○ 영가'로, 스님일 경우에는 '○○○ 대덕大德'이나 '경애하는 ○○○ 스님 영가'로 하는 등 대상에 따라 다르게 한다.

융화되어 해탈을 합니다."

"만약 당신이 이 법신의 빛을 두려워하고 피하게 되면 천상의 흐릿한 백광이 나타나 당신을 맞이하려고 합니다. 이는 윤회의 길입니다."

"당신은 지금 저를 따라 반복하여 일심으로 이 기도를 해야 합니다."

"생사의 유전은 모두 저의 어리석은 무명으로 인한 것입니다. 이 어두운 무명의 길을 법계의 지혜광명으로 밝혀 앞에서는 오직 비로자나부처님께서[20] 인도하여 주시고, 뒤에서는 오직 무상無上허공불모님께서 가호하여 주셔서 저로 하여금 중음의 험난한 길에서 안온하게 제도하여 주시옵소서! 저로 하여금 일체가 원만한 부처님 세계에 안온하게 안주하게 하사이다."

"일심으로 이 기도를 하고 나면 당신은 무지갯빛의 광륜을 볼 것이며, 그 빛에 들어가야 비로자나부처님 마음에 들어가 보신의 불과佛果를 증득하고 부처님세계에 안주하게 됩니다."(처음, 즉 '존귀하신 ○○○'

---

[20] 티벳 불교에서는 비로자나(범어 Vairocana의 음역)부처님을 만유의 종자로 본다. 그 원래의 의미는 태양을 뜻하며, 부처님 지혜 광명의 광대무변을 상징하기도 한다. 연화장蓮華藏세계의 교주로, 화엄종에서는 본존불로 모신다.

부터 여기까지 3번 내지 7번 독송한다. 이하 동일하다.)

> ●이상의 기도 내용은 『티벳 중음제도(득도)경』에서 부분적으로 발췌한 것이다. 이하 기도 내용 모두 동일하다.

"이제 당신이 평생 독송하던 경전(『지장경』·『금강경』·『아미타경』·『반야심경』 등)을 독송하고 당신이 좋아하던 불보살의 명호를 칭념할 것이니, 일심으로 잘 들으시고 산란한 마음을 내지 말며, 일심으로 부처님을 염하십시오."

(2) 초재 둘째 날 망자에게

비록 법사스님이나 선지식이 망자를 위해 초재 첫째 날 기도·천도를 했지만 망자는 여전히 부처님의 광명을 회피하고 업력의 그림자에 가려져 두려워한다. 둘째 날 법사스님이나 선지식은 다시 망자에게 다음과 같이 한다.

"존귀하신 ○○○ 영가시여!"
"일심으로 잘 들으시고 절대로 산란한 마음을 내지 마십시오! 오늘은 초재 둘째 날로써 수대水大의 청정한 색이 백광이 되어 광명을 놓습니다. 이때 남색 동방의 오묘한 부처님세계에서 남색의 몸에 코끼리를 타고, 오고금강저五股金剛杵를 잡은 마마기불모[21]님께서 금강살타金剛薩埵아촉불세존[22]을 포옹하시고, 그리고 지장보살[23]과 미륵보살[24] 및 그 권속인 지경持鏡과 지화持花 두 보살님이 당신의 면전에 출현하십니다. 이때 찬란한 광채와 투명한 백광의 빛[25]을 당신은 주시注視하기가 어렵고, 또한 당신의 업력에 의해 지옥의 안개와 연기로 인한 어두운

---

[21] 마마기불모瑪嘛基佛母: 티벳불교에서 마마기Māmaki불모는 티벳 여신의 108개 명호 중 하나이고, 또한 4대 여신 중의 한 분이기도 하다.
[22] 금강살타아촉불세존: 범어 vajra-sattva Akṣhobhya의 음역으로, vajra-sattva는 금강살타이고, Akṣhobhya는 아촉불여래이다. 의역으로 금강살타는 신성하고 용감한 마음을 가진 분을 뜻하거나 또는 파괴시킬 수 없는 마음을 가진 분을 뜻하고, 아촉불(세존)은 부동不動여래를 뜻한다. 금강살타아촉불세존이란 파괴시킬 수 없는 아촉(부동)불여래를 말한다. 이분은 동방에 계시는 현재의 부처님이며, 티벳밀교에서는 중요한 주존主尊 중에 한 분이다.
[23] 지장地藏보살: 범어 Kṣhiti-garbha의 의역이다. 의미는 "대지大地의 자궁" 즉 모체母體를 뜻한다. 이를 지장地藏이라고 번역한 것이고, 직역을 하면 대지의 잉태이다.
[24] 미륵彌勒보살: 범어 Maitreya의 음역이다. 의미는 "자애慈愛"이고, 자비로써 중생을 제도하실 미래의 부처님이다. 즉 이 부처님은 도솔천에서 56억7천만 년 후 이 세계에 하강·출현하여 중생을 구원한다고 한다.
[25] 이 투명한 백광의 빛은 유식학에서 말하는 대원경지大圓鏡智의 지혜 광명과 같다. 이 대원경지는 제8아뢰야식에서 바꿔져 얻는 최고의 지혜이다.

빛이 함께 당신에게 투사를 하며 다가옵니다. 그런데 당신은 성낸 마음의 업력에 이끌려서 찬란한 투명의 빛을 보면 두려움이 생겨 회피하고, 반대로 지옥에서 온 안개와 연기의 어두운 빛을 보고 반가워합니다."

"당신은 이때 반드시 잘 알아야 합니다. 투명한 백광의 빛은 지혜의 광명이며 바가범[26]금강살타(아촉불세존)의 자비의 광명입니다. 당신은 응당 그 찬란한 백광에 들어가 그분의 가피를 얻어야 합니다. 지극한 마음으로 원하고 그분에게 융입이 되어야 중음의 두려운 경계에서 벗어날 수 있습니다. 그렇지 않으면 지옥의 어두운 빛에 의해 지옥의 길로 가게 됩니다. 일단 지옥에 떨어지게 되면 참기 어려운 고통을 겪고 나올 기약이 없습니다. 이는 당신의 해탈을 방해하는 장애입니다. 응당 밝은 백광을 신뢰하고 지극한 마음으로 금강살타세존(아촉불세존)께 귀의해야 합니다."

"당신은 지금 저를 따라 반복하여 일심으로 이 기도를 해야 합니다."

"생사의 유전은 모두 저의 포악한 성냄의 업으로 인한 것입니다.

---

[26] 바가범薄伽梵: 범어 bhagavat의 주격 bhagavān의 음역이고, 의역으로 세존이다. 세상에서 가장 존경하는 분을 뜻한다.

이 어두운 길을 대원경지大圓鏡智의 지혜로 밝혀 앞에서는 오직 금강살타부처님께서 인도하여 주시고 뒤에서는 오직 마마기(Māmaki)불보님께서 가호하여 주셔서 저로 하여금 중음의 험난한 길에서 안온하게 제도하여 주시옵소서! 저로 하여금 일체가 원만한 부처님세계에 안온하게 안주하게 하사이다."

"일심으로 이 기도를 하고 나면 당신은 무지갯빛의 광륜을 볼 것이며, 그 빛에 들어가야 금강살타세존의 마음에 들어가 보신의 불과佛果를 증득하고 동방의 오묘한 부처님세계에 안주하게 됩니다."(3·7번)

"이제 당신이 평생 독송하던 경전을 독송하고 당신이 좋아하던 불보살의 명호를 칭념할 것이니, 일심으로 잘 들으시고 산란한 마음을 내지 말며, 일심으로 부처님을 염하십시오."

(3) 초재 셋째 날 망자에게
비록 법사스님이나 선지식이 망자를 위해 초재 둘째 날 기도·천도를 했지만 어떤 망자는 여전히 부처님 광명을 회피한다. 그는 생전 악업의 업력에 가려져 또는 거만하여 본심을 잃고는 명광을 인식하거나 증득하려고 들지 않는다. 셋째 날 법사스님이나 선지식은 다시 망자에게 다음과 같이 한다.

"존귀하신 ○○○ 영가시여!"

"일심으로 잘 들으시고 절대로 산란한 마음을 내지 마십시오! 오늘은 초재 셋째 날로써 보생여래[27] 및 그분을 따라 성존들께서 오시며, 수대水大의 본색에서 발하는 황색 빛이 당신을 비추고 있습니다. 이때 동시에 남방의 중보衆寶장엄부처님세계에서 전신이 황색이시며 말을 타시고 묘한 보배를 손에 잡은 불안佛眼불모님께서 보생여래를 포옹하시고 함께 당신에게 방광을 하며 오십니다. 그리고 허공장[28]보살과 보현[29]보살님께서도 염주와 지향持香 두 보살님과 함께 모두 하나의 무지갯빛 광륜에서 오시면서 당신에게 빛을 투사하십니다."

"이때 당신은 업력에 이끌려 찬란한 황색 빛[30]을 보고 두려움이

---

27 보생寶生여래: 범어 Ratna-sambhava의 의역이다. 그분은 세계를 보물로 장엄하셨고, 태어나실 때 많은 보물이 함께 생겼다고 한다.
28 허공장虛空藏: 범어 Ākāsha-garbha의 의역이다. 의미는 "허공의 자궁", 즉 모체母體를 뜻한다. 이를 허공장虛空藏이라고 번역한 것이고, 직역을 하면 허공의 잉태이다.
29 보현普賢: 범어 Samanta-bhadra의 의역이다. 의미는 "일체 선善"이며, 이를 "보현"이라고 번역한 것이다.
30 이 투명한 황색 빛은 유식학에서 말하는 평등성지平等性智의 지혜 광명과 같다. 이 평등성지는 제7말나식에서 바뀌어 얻는 지혜이다.

생겨 피하고자 하고 다만 인도(인간계)에서 온 흐릿하고 어두운 남황藍黃색의 빛에 이끌리게 됩니다. 이 흐릿하고 어두운 남황색의 빛은 당신의 거만한 습성이 쌓여 생긴 빛이 와서 당신을 유혹하는 것입니다."

"이때 당신은 응당 투명한 황색 빛은 지혜의 광명인 줄 확실히 알아야 하고 두려워하지 말아야 합니다. 이 빛은 바로 당신의 지성智性의 빛이기도 합니다. 그리고 이 빛은 보생여래 세존의 자비로운 은혜의 빛입니다. 당신은 그 빛에서 가호를 구해야 합니다."

"당신은 지금 저를 따라 반복하여 일심으로 이 기도를 해야 합니다."

"생사의 유전은 모두 저의 아만의 악업으로 인한 것입니다. 이 어두운 길을 평등성지平等性智의 지혜로 밝혀 앞에서는 보생여래 세존께서 저를 인도하여 주시고, 뒤에서는 불안불모佛眼佛母님께서 저를 가호하여 주셔서 이 중음의 험난한 길에서 저를 안온하게 제도하여 주시옵소서! 저로 하여금 일체가 원만한 부처님세계에 안온하게 안주하게 하사이다."

"일심으로 이 기도를 하고 나면 당신은 무지갯빛의 광륜을 볼 것이며, 그 빛에 들어가야 보생여래 세존의 마음에 들어가 보신의 불과佛果를 증득하고 남방의 많은 보물로 장엄하신 보생부처님세계에 안주하게

됩니다."(3·7번)

"이제 당신이 평생 독송하던 경전을 독송하고 당신이 좋아하던 불보살의 명호를 칭념할 것이니, 일심으로 잘 들으시고 산란한 마음을 내지 말며, 일심으로 부처님을 염하십시오."

(4) 초재 넷째 날 망자에게

비록 법사스님이나 선지식이 망자를 위해 초재 셋째 날 기도·천도를 했지만 어떤 망자는 자신이 지은 악업이 많아 여전히 부처님 광명을 회피하고 업력의 그림자에 가려져 두려워한다. 넷째 날 법사스님이나 선지식은 다시 망자에게 다음과 같이 한다.

"존귀하신 ○○○ 영가시여!"
"일심으로 잘 들으시고 절대로 산란한 마음을 내지 마십시오! 오늘은 초재 넷째 날로써 수대水大의 본색에서 발하는 붉은빛이 당신을 비추고 있습니다. 이때 서방극락세계에 전신이 붉은색이고 공작 보좌에 앉아 미묘한 보배 연꽃을 손에 들고 있는 백의불모[31]님께서 아미타부처님

---

31 백의불모白衣佛母: 백색 옷을 입고 계신 불모님의 약칭이다.

세존을 포옹하시고, 동시에 관음보살과 문수보살님 및 그 권속인 지금持琴과 지등持燈 두 보살님과 함께 모두 하나의 무지갯빛 광륜에서 오시면서 당신에게 빛을 투사하십니다."

"이 붉은 빛³²은 바로 아미타부처님 마음에서 직접 당신의 마음에 비추시는 광명이니 당신은 두려워하지 마십시오! 이 지혜의 빛과 동시에 당신의 악업에 의한 아귀도에서도 일종의 흐릿한 붉은빛을 내며 당신에게 빛을 투사합니다. 당신은 응당 이 흐릿한 붉은빛을 좋아하지 말아야 합니다. 이때 당신은 견고한 집착의 영향으로 아귀도에서 온 붉은빛을 좋아하고 투명한 붉은빛을 싫어합니다. 그러나 당신은 응당 아미타부처님 자비의 광명에서 가피의 구호를 찾아야 합니다."

"당신은 지금 저를 따라 반복하여 일심으로 이 기도를 해야 합니다."

"생사의 유전은 모두 저의 인색한 악업으로 인한 것입니다. 이 어두운 길을 묘관찰지妙觀察智의 지혜로 밝혀 앞에서는 아미타부처님 세존께서 저를 인도하여 주시고, 뒤에서는 백의불모白衣佛母님께서 저를 가호하여 주셔서 이 중음의 험난한 길에서 저를 안온하게 제도하

---

32 이 투명한 붉은빛은 유식학에서 말하는 묘관찰지妙觀察智의 지혜 광명과 같다. 이 묘관찰지는 제6식에서 바뀌져 얻는 지혜이다.

여 주시옵소서! 저로 하여금 일체가 원만한 부처님세계에 안온하게 안주하게 하사이다."

"일심으로 이 기도를 하고 나면 당신은 무지갯빛의 광륜을 볼 것이며, 그 빛에 들어가야 아미타부처님 세존의 마음에 들어가 보신의 불과佛果를 증득하고 서방의 극락세계에 안주하게 됩니다."(3·7번)

"이제 당신이 평생 독송하던 경전을 독송하고 당신이 좋아하던 불보살의 명호를 칭념할 것이니, 일심으로 잘 들으시고 산란한 마음을 내지 말며, 일심으로 부처님을 염하십시오."

(5) 초재 다섯째 날 망자에게

비록 법사스님이나 선지식이 망자를 위해 초재 넷째 날 기도·천도를 했지만 망자는 여전히 부처님 광명을 회피하고, 오랜 악습을 버리지 못하거나 질투의 업력에 가려져 부처님 광명을 두려워한다. 초재 다섯째 날 법사스님이나 선지식은 다시 망자에게 다음과 같이 한다.

"존귀하신 ○○○ 영가시여!"
"일심으로 잘 들으시고 절대로 산란한 마음을 내지 마십시오! 오늘은 초재 다섯째 날로써 풍대風大의 본색에서 발하는 광명의 빛이 앞에서 당신을 비추고 있습니다. 이때 북방의 무상묘행성취無上妙行成就부처님세계에서 전신이 녹색이고 각응(角鷹, 뿔매)의 보좌에 앉아 십자금강저十字金剛杵를 손에 잡고 있는 정신도모貞信度母[33]불모님께서 불공성취不空成就부처님 세존을 포옹하시고, 동시에 그분을 돕는 금강수[34]보살과 제개장[35]보살 및 그 권속인 분향[36]과 지당[37] 두 보살님과 함께 모두 하나의 무지갯빛 광륜에서 당신에게 빛을 투사하십니다."

"이 녹색 빛은 바로 불공성취부처님의 마음에서 직접 당신의 마음에 비추시는 광명이고, 또한 당신의 지성智性 본유의 지혜 빛입니다. 당신은 응당 두려워하지 말아야 합니다. 당신은 이때 질투의 업습業習

---

33 도모度母: 티벳어로 Döl-ma이고 범어로는 Tārā이다. "여女구세주"를 의미한다.
34 금강수金剛手: 범어 Vajra-pāṇi의 의역이다. 손에 금강저를 잡았음을 의미한다.
35 제개장除蓋藏: 범어 Dīpani 또는 Dīpikā의 의역이다. 장애의 덮개를 깨끗이 없앤 자를 의미한다.
36 분향噴香: 범어 Gandha의 의역이다. 향기를 뿜어냄을 의미한다. 힌두교 만신전萬神殿의 8대 모신母神의 한 분이다. 손에 향수병을 들고 계시다.
37 지당持糖: 티벳어 Zhal-zas-ma의 의역이다. 의미는 사탕을 갖고 계신 여신이다. 분향보살이나 지당보살은 녹색 빛을 나타내고 있는 여신을 상징한 것이고, 이는 유식학에서 말하는 성소작지成所作智의 지혜 광명과 같다. 이 성소작지는 전5식에서 바꿔져 얻는 지혜이다.

에 의해 투명한 녹색의 빛을 두려워하고 피하려하고, 반대로 아수라에서 나온 어두운 녹색의 빛을 좋아합니다. 아수라의 어두운 녹색의 빛이 당신을 쫓아가면 당신은 그것을 떨치기가 어렵습니다. 이는 당신의 해탈을 방해하는 것입니다."

"당신은 지금 저를 따라 반복하여 일심으로 이 기도를 해야 합니다."

"생사의 유전은 모두 저의 질투의 악업으로 인한 것입니다. 이 어두운 길을 성소작지成所作智의 지혜로 밝혀 앞에서는 불공성취여래 세존께서 저를 인도하여 주시고, 뒤에서는 정신도모불모貞信度母佛母님께서 저를 가호하여 주셔서 이 중음의 험난한 길에서 저를 안온하게 제도하여 주시옵소서! 저로 하여금 일체를 성취한 부처님세계에 안온하게 안주하게 하사이다."

"일심으로 이 기도를 하고 나면 당신은 무지갯빛의 광륜을 볼 것이며, 그 빛에 들어가야 불공성취여래 세존의 마음에 들어가 보신의 불과를 증득하고 북방의 무상묘행부처님세계에 안주하게 됩니다."(3·7번)

"이제 당신이 평생 독송하던 경전을 독송하고 당신이 좋아하던 불보살의 명호를 칭념할 것이니, 일심으로 잘 들으시고 산란한 마음을 내지 말며, 일심으로 부처님을 염하십시오."

(6) 초재 여섯째 날 망자에게

지금까지 법사스님이나 선지식이 망자를 위해 초재 다섯째 날 기도·천도를 했는데, 그 안에 해탈한 망자도 있다. 하지만 어떤 망자는 자신의 여러 가지 악업의 습기로 인해 올바른 지혜에 익숙지 못하여 여전히 부처님 광명을 회피하고 업력의 그림자에 가려져 두려워한다. 여섯째 날 법사스님이나 선지식은 다시 망자에게 다음과 같이 한다.

"존귀하신 ○○○ 영가시여!"
"일심으로 잘 들으십시오! 오늘은 초재 여섯째 날로써 이미 다섯 방위의 부처님 세존께서 당신에게 지혜의 빛을 방사하였지만 당신은 악업에 이끌려 모든 부처님께 두려운 마음을 내고 회피하여 오늘 이 자리에 이른 것입니다. 만약 당신이 다섯 방위의 부처님을 인식하고 모든 부처님 중 어떤 한 부처님의 무지갯빛 광륜에 융입하여 들어간다면 보신의 불과佛果를 증득할 것입니다."

"지금 당신은 계념(繫念; 마음을 붙들어 맴)을 하여 주의를 하시고, 네 가지 지혜[四智][38]와 결합한 다섯 방위의 부처님께서 빛을 비추면서 당신에게 다가오면 당신은 응당 이를 잘 알아야 합니다."

"오늘은 초재 여섯째 날입니다. 중앙의 비로자나부처님과 그 권속이 당신을 향해 빛을 방광하시고, 동방의 금강살타부처님과 그 권속이 당신을 향해 빛을 방광하시고, 남방의 보생부처님과 그 권속이 당신을 향해 빛을 방광하시고, 서방의 아미타부처님과 그 권속이 당신을 향해 빛을 방광하시고, 북방의 불공성취여래와 그 권속이 무지갯빛 광륜에서 당신을 향해 방광을 하십니다."

"이와 같이 다섯 방위의 부처님과 불모님을 둘러싼 42분의 성존들이 모두 함께 당신을 향해 빛을 방광하십니다. 이는 당신의 마음에서 나오는 자비의 마음이니, 당신은 잘 알아야 합니다."

"이 모든 성존들의 크고 작음은 단지 느낌의 반응일 뿐입니다. 그분들은 각자의 장식에, 각자의 색채에, 각자의 앉은 자태에, 각자의 보좌에 각각 모두 다르게 표시하고 있습니다. 이 성존들은 다섯 분이 한 조가 되어 하나의 커다란 만다라를 형성한 것입니다. 그리고 하나같

---

38 사지四智: 유식학에선 유루의 8식識이 무루의 네 가지 지혜로 전환됨을 일컫는다. ①대원경지大圓鏡智: 이는 법계의 이사理事의 이치를 관조하고 얻은 최고의 지혜이며 제8식이 전환되어 얻는다. ②평등성지平等性智: 일체 중생에게 무연無緣대자비를 일으켜 제7말나식이 전환되어 얻는다. ③묘관찰지妙觀察智: 모든 법을 관조한 지혜로 제6식이 전환되어 얻는다. ④성소작지成所作智: 세상의 여러 가지 일을 성취하고 얻은 지혜로 전5식前五識이 전환되어 얻는다.

이 당신을 향해 빛을 방사하고 계십니다. 그분들은 당신의 수호 성존들이십니다."

"당신은 응당 이 모든 분들이 당신을 향해 빛을 방사하는 것을 두려워 마시고 '나를 위한 옹호이다. 나는 여기에서 응당 구호를 받아야 한다'고 생각하십시오."

"당신은 지금 저를 따라 지극한 일심으로 다섯 방위의 부처님 및 모든 성존들께 기도를 해야 합니다."

"생사의 유전은 모두 저의 5독[39]의 악업으로 인한 것입니다. 이 어두운 길을 사지四智의 지혜로 밝혀 앞에서는 다섯 방위의 부처님 세존께서 저를 인도하여 주시고, 뒤에서는 다섯 방위의 청정한 불모佛母님께서 저를 가호하여 주셔서, 원하오니 이 중음의 험난한 육도윤회의 길에서 저를 안온하게 제도하여 주시옵소서! 저로 하여금 일체를 성취한 다섯 방위의 청정한 부처님세계에 안온하게 안주하게 하사이다."

"지성으로 이 기도를 하고 나면 당신은 자신의 내적인 광명을 인식하고 증득하게 될 것이며, 당신의 자성과 융합하여 불과를 증득하게

---

39 5독五毒: 탐심·성냄·어리석음·거만·질투(의혹)를 말한다.

됩니다. 이렇게 인도하는 대로 믿고 따르면 반드시 해탈을 얻습니다."(3·7번)

"이제 당신이 평생 독송하던 경전을 독송하고 당신이 좋아하던 불보살의 명호를 칭념할 것이니, 일심으로 잘 들으시고 산란한 마음을 내지 말며, 일심으로 부처님을 염하십시오."

(7) 초재 일곱째 날 망자에게
초재 일곱째 날에 이르면 망자에게 지명부[40]의 모든 성존들이 접근해 오면서 받아들이려고 하지만 동시에 무명의 어리석음에서 축생도가 와서 유혹하면서 이끌려고도 한다. 그러나 이 기간에 악습이 중한 망자가 해탈하기도 한다고 한다. 일곱째 날 법사스님이나 선지식은 다시 망자에게 다음과 같이 한다.

"존귀하신 ○○○ 영가시여!"
"일심으로 잘 들으십시오. 오늘은 당신이 죽은 지 초재 일곱째 날입니

---

[40] 지명부持明部: "지명持明"은 지식을 갖고 있다는 의미이다. 이는 밀교의 모든 성존들을 말한다.

다. 여러 가지 습기의 정화로 여러 가지 광명의 빛들이 형성되어 당신에게 방사를 합니다. 이때 지명부의 모든 성존들이 오면서 당신을 받아들이려고 합니다."

"어떤 지명부의 성존은 오색 광명을 방광하고, 어떤 지명부의 성존은 백색의 몸을 하고 방사하면서 미소를 머금었고, 어떤 지명부의 성존은 황색의 몸을 하고 방사를 하면서 미소를 머금었고, 어떤 지명부의 성존은 홍색의 몸을 하고 방사를 하면서 미소를 머금었고, 어떤 지명부의 성존은 녹색의 몸을 하고 방사를 하면서 미소를 머금었고 춤을 추면서 옵니다. 이 모든 5대五大 지명부의 성존은 무량하고 무수한 남녀의 호법 존신尊神으로, 모두 함께 춤을 추면서 올바른 믿음이 있는 자는 받아들이고, 올바른 믿음이 부족한 자는 혼내면서 다스립니다. 또한 이 5대 지명부 성존들이 방출하는 오색 지혜의 빛이 투명하면서 찬란하고 강렬하게 당신을 향해 방사하여 당신이 보기에는 두렵고 인내하기가 어렵습니다.

"또 다르게 축생도의 어두운 남색 빛이 동시에 오고 있습니다. 이때 당신은 오색 빛을 무서워하고 회피하면서 축생도에서 오는 어두운 빛을 좋아하고 그곳을 향합니다. 이때 당신은 이 강렬한 오색 지혜의 빛이 당신 자신의 지혜의 빛임을 알아야 합니다."

"이 오색 지혜의 빛에서 법의 실상의 소리가 납니다. 마치 산천을

뒤엎는 것 같은 진동을 하면서 매우 무섭게 거성을 내고 '죽여라! 죽여라!' 합니다. 이때 놀라지 말고, 무서워 말고, 도망하지 말아야 합니다. 이 모든 소리는 모두 당신의 내적인 광명의 지성智性의 기능입니다. 이에 겁먹지 말아야 합니다. 그리고 축생도의 어두운 남색 빛의 유혹에 당하지 말아야 합니다. 당신은 지극한 믿음으로 오색 빛을 두려워 말고 기도를 해야 합니다."

"당신은 지금 저를 따라 지극한 일심으로 기도를 해야 합니다."

"지명부의 모든 성존들께 청하오니 저를 제도하여 주시고, 대비로 저를 무상정각의 도에 이르도록 이끌어 주옵소서! 저는 허망한 업식[41] 때문에 응당 윤회에 떨어져야 합니다. 하지만 저를 무상無上의 광명에 데려가 주옵소서! 오직 원하오니 용맹하신 지명부의 모든 성존들께서 앞에서 인도하여 주시고, 원하오니 공행천모空行天母불모님께서 뒤에서 가호하여 주시고, 오직 원하오니 이 중음의 험난한 육도윤회의 길에서 저를 안온하게 제도하여 주시옵소서! 저로 하여금 청정한

---

41 업식業識: ①미혹한 세계에 유전을 일으키는 의식작용意識作用을 말한다. ②근본 무명에 의해 망상심妄想心을 일으키는 이것이 업식이다. 『대승기신론』에 의하면 "업식은 이른바 무명의 힘에 의한 깨닫지 못한 마음의 움직임이다"고 하였다.

부처님의 극락세계에 안온하게 안주하게 하사이다."

"지극 정성으로 이 기도를 하고 나면 당신은 반드시 무지갯빛의 광륜을 볼 것이며, 그 빛에 들어가야 지명부 모든 성존들의 마음에 들어가 청정한 극락세계에 안주하게 됩니다."(3·7번)

"이제 당신이 평생 독송하던 경전을 독송하고 당신이 좋아하던 불보살의 명호를 칭념할 것이니, 일심으로 잘 들으시고 산란한 마음을 내지 말며, 일심으로 부처님을 염하십시오."

2) 이재二齋

이재 칠일 간(임종 후 제8일에서 제14일까지)은 정륜頂輪에서 5부(불부, 보부, 금강부, 연화부, 갈마부)에 소속된 58분의 분노의 모든 본존들이 현현하면서 망자를 인도하고자 한다. 그러나 망자의 신식神識은 이를 보고 놀라 무서워하므로, 이때 망자를 위해 다음과 같이 실행한다.

(1) 이재 첫째 날 망자에게

"존귀하신 ○○○ 영가시여!"

"당신이 앞서의 중음경계를 인식·증득하지 않아 오늘은 사후 이재로 제8일째 되는 날입니다. 음혈부飮血部의 모든 성존들이 오셔서 방광을 하니 당신은 일심으로 인식하고 증득을 하되 산란하지 마십시오."

"대광영혁노가大光榮赫怒加부처님(The Heruka Buddha)께선 그 몸이 진한 갈색이고, 얼굴은 세 개이고 팔은 여섯 개이고 네 개의 발로 서 계십니다. 오른쪽 뺨은 백색이고 왼쪽 뺨은 홍색이고 뺨의 중간은 진한 갈색이며 온몸에서 모두 방광을 놓습니다. 아홉 개의 눈을 부릅뜨고 응시하십니다. 미간에선 번개처럼 번뜩이고 입에서는 '아ㅡ라ㅡ라'와 '하ㅡ하'의 소리를 내고, 붉은 황색의 머리카락은 곤두선 채 방광을 하고, 몸에는 인간 머리를 한 검은 뱀이 똘똘 감고 있고, 오른쪽 위의 손은 바퀴를 들고 있고, 중간 손은 검을 쥐고 있고, 아래 손은 도끼를 들고 있고, 좌우의 손에는 요령을 쥐고 있고, 중간의 손은 뇌로 덮개를 한 뼈 주발을 들고 있고, 아래 손은 쟁기를 들었고, 이 분을 대력분노불모大力忿怒佛母님께서 포옹하고 계십니다. 이 불모님은 오른손으로 그 부처님의 목을 잡고, 왼손은 피를 담은 홍색의 주발을 잡고, 입에서는 씹는 소리가 마치 천둥우뢰 같은 소리를 내고, 두 분의 몸에서는 모두 지혜의 불꽃이 나오고, 모든 모공마다 모두 하나의 치성한 불꽃을 내고, 하나의 불꽃마다 모두 하나씩 금강보저金剛寶杵를 들었고, 두 분은 각각 한쪽 발은 굽히고 한쪽 발은 편 상태로 각응(角鷹, 매)의 보좌에 앉았습니다. 그분들은 당신 뇌해[42]의 중앙에서 나와 당신을 향해 참으로 방광을 하십니다. 당신은 응당 두려워하지 말아야 합니다. 그 전경은 당신의 지성智性에서 현현한 것이고 당신 자신을 보호하는 성존聖尊인 줄 알아야 합니다."

"사실 그분들은 부모가 되시는 비로자나세존이십니다. 당신은 그분들을 인식하고 그분들께 융입하여 들어가 그분들과 하나가 되어야 바로 해탈을 하고 불과를 증득합니다."(3·7번)

"이제 당신이 평생 독송하던 경전을 독송하고 당신이 좋아하던 불보살의 명호를 칭념할 것이니, 일심으로 잘 들으시고 산란한 마음을 내지 말며, 일심으로 부처님을 염하십시오."

 망자를 위해 집전하는 스님이나 선지식에게 알림
이재二齋 첫째 날(제8일째)에 불부佛部와 보생부寶生部에 소속된 희락부喜樂部의 모든 성존들을 무서워하고 회피한 망자에게는 다시 제9일이 되면 금강부에 소속된 음혈분노부의 모든 성존들이 오셔서 받아들이려고 한다. 그러므로 다음과 같이 이끈다.

---

42 뇌해腦海: 여기서 말하는 뇌해는 바로 두뇌를 일컫고 정륜頂輪을 뜻한다.

(2) 이재 둘째 날 망자에게

"존귀하신 ○○○ 영가시여!"

"일심으로 잘 들으십시오. 금강부에 피를 마시는 주존主尊이 계시는데, 명호는 금강혁노가金剛赫怒加세존이십니다. 그분의 몸은 진한 남색이고, 세 개의 얼굴에 여섯 개의 팔, 네 개의 발로 서 계십니다. 오른쪽 위의 팔은 금강저를 가졌고, 중간의 손은 뇌로 덮개를 한 주발을 가졌고, 아래 손은 도끼를 잡고, 왼쪽 위의 손은 요령을 잡고, 중간 손은 뇌로 덮개를 한 주발을 들었고, 아래 손은 쟁기를 가졌습니다. 금강불모께서 그분을 포옹하고 계시고, 불모님은 오른손으로 그분의 목을 잡고, 왼손에는 피를 담은 홍색 주발로 부처님께 공양을 올립니다. 두 분 역시 당신의 뇌해동부[43]에서 오셔서 당신에게 방광을 하십니다."

"이때 응당 놀라거나 두려워하지 마십시오. 그분들은 당신의 지성에서 현현한 당신을 옹호하는 성존들입니다. 그분들은 부모가 되시는 금강살타부처님의 두 몸입니다. 그분들을 믿고 그분들과 융합하여 하나가 되어야 불과를 증득하게 됩니다."(3·7번)

---

[43] 여기서 말하는 뇌해동부腦海東部는 정륜頂輪의 동쪽 측면을 말한다. 쿤달리니 요가kuṇḍdalimi-yoga에 의하면 신체 중앙에 일곱 개의 맥륜(Chakra)이 있다. 그중 가장 위인 정륜頂輪의 동·서·남·북·중앙의 측면을 5방불(밀승密乘에서 말하는 다섯 방위의 부처님)에다 대비對比하여 설명한 것 중에 하나이다.

"이제 당신이 평생 독송하던 경전을 독송하고 당신이 좋아하던 불보살의 명호를 칭념할 것이니, 일심으로 잘 들으시고 산란한 마음을 내지 말며, 일심으로 부처님을 염하십시오."

> **망자를 위해 집전하는 스님이나 선지식에게 알림**
> 이재 둘째 날(제9일)이 되어도 악업의 장애가 너무 큰 망자가 여전히 무서워하면서 회피하고 증득을 못한 채 다시 제10일에 이르게 되면 보생부寶生部에 소속된 음혈부의 모든 성존들이 오셔서 인도한다. 그러므로 다음과 같이 이끈다.

(3) 이재 셋째 날 망자에게

"존귀하신 ○○○ 영가시여!"

"잘 들으시고 잘 들으셔야 합니다. 오늘은 사후 이재로 제10일째 되는 날입니다. 보생부의 피를 마시는 주존이 계시는데, 명호는 보혁노가寶赫怒加부처님이십니다. 그분의 몸은 황색이고, 세 개의 얼굴에 여섯 개의 팔, 네 개의 발로 서 계십니다. 오른쪽 뺨은 백색이고 왼쪽 뺨은 홍색이고 뺨의 중간은 진한 황색입니다. 화염의 수레에 계시고, 오른쪽 위의 손에는 보배를 가졌고, 중간 손은 세 가닥이 교차한 창을 가졌고, 아래 손은 지휘봉을 가졌습니다. 왼쪽 위의 손은 요령을 가졌고, 중간 손은 뇌로 덮개를 한 주발을 들었고, 아래 손은 세 가닥이 교차한 지휘봉을 가졌습니다. 불모님께서 그분을 포옹하고 계시고, 불모님은 오른손으로 그분의 목을 잡고, 왼손으로 피를 담은 홍색 주발을 갖고 부처님께 공양을 올립니다. 두 분은 모두 당신의 지성의 광명에서 현현하십니다. 왜냐하면 그분들은 당신을 옹호하는 성존들이기 때문입니다. 응당 놀라지 말아야 합니다."

"그분들은 부모가 되시는 보생부처님 세존의 두 몸이십니다. 그분들을 믿고 그분들을 인식하고 증득하셔야 바로 해탈을 얻게 됩니다. 당신이 그분들을 인식하고 증득하고 당신을 옹호하는 성존과 융화하여 하나가 되어야 이때 바로 불과를 증득합니다."(3·7번)

"이제 당신이 평생 독송하던 경전을 독송하고 당신이 좋아하던 불보살의 명호를 칭념할 것이니, 일심으로 잘 들으시고 산란한 마음을 내지 말며, 일심으로 부처님을 염하십시오."

 **망자를 위해 집전하는 스님이나 선지식에게 알림**

이재 셋째 날(제10일)이 되어도 악업의 습기에 이끌려 어떤 망자는 여전히 무서워하면서 회피하고 증득을 못하는데, 다시 제11일에 이르게 되면 연화부에 소속된 음혈부의 모든 성존들이 오셔서 인도한다. 그러므로 다음과 같이 이끈다.

(4) 이재 넷째 날 망자에게

"존귀하신 ○○○ 영가시여!"

"잘 들으시고 잘 들으셔야 합니다. 오늘은 사후 이재로 제11일째 되는 날입니다. 연화부의 피를 마시는 주존이 계시는데, 명호는 연화혁노가蓮花赫怒加세존이십니다. 그분의 몸은 진한 홍색이고, 세 개의 얼굴에 여섯 개의 팔, 네 개의 발로 서 계십니다. 오른쪽 뺨은 백색이고 왼쪽 뺨은 남색이고 뺨의 중간은 진한 홍색입니다. 오른쪽 위의 손에는 연화를 가졌고, 중간 손은 세 가닥이 교차한 창을 가졌고, 아래 손은 지휘봉을 가졌습니다. 왼쪽 위의 손은 요령을 가졌고, 중간 손은 뇌로 덮개를 한 주발을 들었고, 아래 손은 세 가닥이 교차한 지휘봉을 가졌습니다. 불모님께서 그분을 포옹하고 계시고, 불모님은 오른손으로 그분의 목을 잡고, 왼손으로 피를 담은 홍색 주발을 갖고 그분의 입에다 대고 있습니다. 두 분은 모두 당신의 부처님아버지〔佛父〕[44]이시고 부처님어머니〔佛母〕[45]이십니다. 두 분은 모두 당신의 뇌해서부腦海西部(정륜의 서쪽 측면)에서 오셨고 당신을 향해 방광을 하십니다."

"당신은 응당 놀라지 말아야 합니다. 왜냐하면 그분들은 당신을 옹호하는 성존들이기 때문입니다. 사실 그 두 분 모두는 부모가 되시는 아미타불 세존이십니다. 당신은 그분들을 믿고 인식하고 증득하셔야 바로 해탈을 얻게 됩니다. 그분들과 융입하여 하나가 되어야 불과를 증득합니다."(3·7번)

"이제 당신이 평생 독송하던 경전을 독송하고 당신이 좋아하던 불보살의 명호를 칭념할 것이니, 일심으로 잘 들으시고 산란한 마음을 내지 말며, 일심으로 부처님을 염하십시오."

---

[44] 불부佛父: 밀교에서 불부佛父는 만유萬有의 종자種字로, 즉 만물의 근원이라는 의미이다.

[45] 불모佛母: 밀교에서 불모佛母는 우주의 여성원리女性原理로, 즉 만물을 생장시킨다는 의미이다.

 **망자를 위해 집전하는 스님이나 선지식에게 알림**

이재 넷째 날(제11일)이 되어도 악업의 습기에 이끌려 어떤 망자는 여전히 무서워하면서 회피하고 증득을 못하는데, 다시 제12일에 이르게 되면 갈마부羯磨部에 소속된 음혈부의 모든 성존들이 오셔서 인도한다. 그러므로 다음과 같이 이끈다.

(5) 이재 다섯째 날 망자에게

"존귀하신 ○○○ 영가시여!"

"잘 들으셔야 합니다. 오늘은 사후 이재로 제12일째 되는 날입니다. 갈마부의 피를 마시는 주존이 계시는데, 명호는 갈마혁노가羯磨赫怒加 세존이십니다. 그분의 몸은 진한 녹색이고, 세 개의 얼굴에 여섯 개의 팔, 네 개의 발로 서 계십니다. 오른쪽 뺨은 백색이고 왼쪽 뺨은 홍색이고 뺨의 중간은 진한 녹색입니다. 오른쪽 위의 손에는 검을 가졌고, 중간 손은 세 가닥이 교차한 창을 가졌고, 아래 손은 지휘봉을 가졌습니다. 왼쪽 위의 손은 요령을 가졌고, 중간 손은 뇌로 덮개를 한 주발을 들었고, 아래 손은 쟁기를 가졌습니다. 불모님께서 그분을 포옹하고 계시고, 불모님은 오른손으로 그분의 목을 잡고, 왼손으로 홍색 주발을 갖고 그분의 입에다 공양을 올리고 있습니다. 두 분은 모두 당신의 뇌해북부(腦海北部; 정륜의 북쪽 측면)에서 오셨고 모두 당신의 부처님아버지이시고 부처님어머니이십니다. 그리고 당신을 향해 방광을 하십니다."

"당신은 응당 놀라지 말아야 합니다. 왜냐하면 그분들은 당신을 옹호하는 성존들이기 때문입니다. 당신은 그분들을 믿고 인식하고 증득하셔야 바로 해탈을 얻게 됩니다. 그분들은 당신의 부모가 되는 불공여래 세존이십니다. 그분들과 융입하여 하나가 되어야 불과를 증득합니다."(3·7번)

"이제 당신이 평생 독송하던 경전을 독송하고 당신이 좋아하던 불보살의 명호를 칭념할 것이니, 일심으로 잘 들으시고 산란한 마음을 내지 말며, 일심으로 부처님을 염하십시오."

망자를 위해 집전하는 스님이나 선지식에게 알림

이재 다섯째 날(제12일째)이 되어도 악업의 습기에 이끌려 어떤 망자는 여전히 무서워하면서 회피하고 증득을 못하고 제13일에 이르게 된다. 법사스님이나 선지식은 망자에게 그분들은 다름 아닌 망자 자신의 자성에서 나온 의식의 형상形象임을 일깨워줘 두려워하지 않게 인도한다. 그리고 다음과 같이 이끈다.

(6) 이재 여섯째 날 망자에게

"존귀하신 ○○○ 영가시여!"

"일심으로 잘 들으십시오. 오늘은 사후 이재로 제13일째 되는 날입니다. 분노부의 여덟 분 성존들이 당신의 뇌해동부(頂輪의 동쪽 측면)에서 나와 당신에게 방광을 하십니다. 당신은 무서워하지 마십시오. 당신의 뇌해동부에서 나오신 분은 백색의 케유리[46]이시고, 오른손에는 시체를 몽둥이처럼 잡고 왼손에는 뇌로 덮개를 한 혈액[47]이 넘치는 주발을 들고 오면서 당신에게 방광을 합니다. 당신은 그 광경을 무서워하지 마십시오."

"당신의 뇌해남부에서 나오신 분은 황색의 수유리[48]로 손에 활과 화살을 잡고 발사를 준비하고, 당신의 뇌해서부에서 나오신 분은 홍색의 라마하로 손에 바다사자를 기旗로 하고, 당신의 뇌해북부에서 나오신 분은 흑색의 배대려裵黛麗로 손에 금강저 및 뇌로 덮개를 한 혈액이 넘치는 주발을 들었고, 당신의 뇌해동남부에서 나오신 분은

---

[46] 케유리: 범어 Keyurī의 음역이다. 이는 인도 시다림에서의 여신의 이름이다. 시다림은 인도 장례법의 하나로써, 사람이 죽으면 정해진 산림에다 시체를 갖다 놓아 새나 들짐승들이 모두 먹게 한다. 이는 티벳의 천장天葬과 비슷하다.
[47] 여기서 말하는 "혈액"은 생사윤회의 생명을 상징한다.
[48] 수유리: 범어 Suyurī의 음역이다. 이 역시 시다림에서의 여신 이름이다.

홍색의 보카사로 오른손에 위장을 잡고 왼손은 입에다 집어넣고, 당신의 뇌해서남부에서 나오신 분은 진한 녹색의 갈사마려로 왼손에는 뇌로 덮개를 한 혈액이 넘치는 주발을 가졌고, 오른손은 금강저로 휘젓고 미친 듯이 기뻐하며 마시고, 당신의 뇌해서북부에서 나오신 분은 엷은 황색의 찬다리[49]로 죽은 시체를 머리서부터 찢고 오른손으로 심장을 잡고 왼손을 사용해 시체를 입에다 넣어 씹고, 당신의 뇌해동북부에서 나오신 분은 진한 남색의 스마살리[50]로 시체를 찢어서 머리부터 먹습니다."

"이 모든 여덟 방위에서 온 여덟 분의 음혈부의 성존들을 여덟 명의 금수머리를 한 여신들이 에워싸고, 모두 당신 앞에서 방광을 하고 있습니다. 그러나 두려워하지 마십시오. 왜냐하면 그분들은 당신 자성의 의식형상意識形象이기 때문입니다."(3·7번)

"이제 당신이 평생 독송하던 경전을 독송하고 당신이 좋아하던 불보살의 명호를 칭념할 것이니, 일심으로 잘 들으시고 산란한 마음을

---

49 찬다리: 범어 Chaṇḍālī의 음역이다. 낮은 등급의 여신의 이름이다. 이 여신의 활동무대는 시다림이다.
50 스마살리: 범어 Smashalī의 음역이다. 이 역시 여신의 이름이다.

내지 말며, 일심으로 부처님을 염하십시오."

 **망자를 위해 집전하는 스님이나 선지식에게 알림**
사후 제13일째가 되어도 해탈하지 못한 망자가 악업의 습기에 이끌려 여전히 무서워하면서 회피하고 증득을 못한 채 제14일에 이르게 되면 갈마부羯磨部에 소속된 음혈부의 모든 성존들이 오셔서 인도한다. 그러므로 다음과 같이 이끈다.

(7) 이재 일곱째 날 망자에게
"존귀하신 ○○○ 영가시여!"
"오늘은 사후 이재로 제14일째 되는 날입니다. 당신의 뇌에서 네 분의 여신이 나오고 당신을 향해 방광을 놓습니다. 이때 당신은 응당 이것을 인식하고 증득認證해야 합니다. 즉 당신의 뇌해동부에서 와서 방광을 하는 백색 호랑이 머리의 지봉持棒여신은 왼손에는 뇌로 덮개를 한 혈액이 넘치는 주발을 들었고, 당신의 뇌해남부에서 와서 방광을 하는 분은 황색 돼지 머리의 지색持索여신이고, 당신의 뇌해남서부에서 와서 방광을 하는 분은 홍색 사자 머리의 지연持鏈여신이고, 당신의 뇌해북부에서 와서 방광을 하는 분은 녹색 뱀 머리의 지령持鈴여신입니다. 이 네 분의 수문守門여신은 당신 자신의 뇌해에서 나와 당신을 향해 방광을 합니다. 당신은 응당 그분들이 당신을 수호하는 성존聖尊인 줄 인식해야 합니다."

"또한 서른 분의 분노부의 모든 성존을 에워싼 스물여덟 분의 여신들이 각각 무기를 갖고 당신의 뇌해에서 출현을 하고 당신을 향해 방광을 비춥니다. 당신은 그분들을 무서워하지 말고 당신 자신의 자성의 의식형상意識形象인 줄 알아야 합니다. 즉 당신의 뇌해동부에서 출현한 진한 갈색의 검은 소 머리 나찰羅刹여신은 손에 금강저와 두개골을 가졌고, 진한 홍색 뱀 머리의 범천梵天여신은 연화를 한 송이 가졌고, 검은 녹색 표범 머리의 위대偉大여신은 세 가닥이 교차한 창을 가졌고, 남색 원숭이 머리의 재판裁判여신은 손에 법륜을 가졌고, 홍색 백곰 머리의 동정童貞여신은 손에 짧은 창을 가졌고, 백색 곰 머리의 제석帝釋여신은 손에 창자줄을 하나 가졌습니다. 이 여섯 여신은 당신 뇌해의 동부에서 나와 동부의 문을 지키는 여신〔瑜衹尼〕[51]이며 앞으로 당신에게 방광을 할 것입니다. 당신은 두려워하지 마십시오."

"당신 뇌해의 남부에서 출현한 황색 박쥐 머리의 쾌락여신은 손에 삭도削刀를 가졌고, 홍색 바다사자 머리의 희락喜樂여신은 항아리를

---

[51] 유기니瑜衹尼: 문을 지키는 여신이다.

가졌고, 홍색 굼벵이 머리의 감로여신은 손에 연꽃을 가졌고, 백색 솔개 머리의 월광여신은 손에 금강저를 가졌고, 검은 녹색 여우 머리의 집봉執棒여신은 손에 짧은 지휘봉을 가졌고, 누런 흑색 호랑이 머리의 나찰여신은 손에 뇌로 덮개를 한 혈액이 넘치는 주발을 가졌습니다. 이상 말한 여섯 여신은 당신 뇌해의 남부에서 나와 남부의 문을 지키는 여신이며 앞으로 당신에게 방광을 할 것입니다. 당신은 두려워하지 마십시오."

"당신 뇌해의 서부에서 출현한 분으로는, 검은 녹색 보라매 머리의 노도老饕여신은 손에 짧은 지휘봉을 가졌고, 홍색 말 머리의 쾌락여신은 손에 한 구의 시체 몸뚱이를 가졌고, 백색 송골매 머리의 대력大力여신은 손에 곤장을 가졌고, 황색 개 머리의 나찰여신은 손에 금강저와 칼을 가졌으며, 홍색 재승(載勝; 새) 머리의 욕망여신은 손에 활과 화살을 대고 겨누고, 녹색 사슴 머리의 수재守財여신은 손에 항아리를 가졌습니다. 이 모든 여섯 여신은 당신 뇌해의 서부에서 나와 서부의 문을 지키는 여신이며 앞으로 당신에게 방광을 할 것입니다. 당신은 두려워하지 마십시오."

"당신 뇌해의 북부에서 출현한 분으로는, 남색藍色 이리 머리의 사풍司風여신은 손에 미세하면서 기다란 삼각형의 제비꼬리 깃대를 흔들고, 홍색 산양 머리의 부인婦人여신은 손에 뾰쪽한 나무 끝을 잡았고, 검은색 돼지 머리의 모저母猪여신은 손에 뾰쪽한 이빨 한 줄을 가졌고, 홍색 까마귀 머리의 뢰정雷霆여신은 손에 한 구의 영아 시체를 가졌고, 검은 녹색 코끼리 머리의 대비大鼻여신은 손에 한 구의 커다란 시체를 가지고 그 해골로 피를 마시고, 남색 뱀 머리의 수중水中여신은 손에 뱀 줄을 가졌습니다. 이 여섯 여신은 모두 당신 뇌해의 북부에서 나와 북부의 문을 지키는 여신이며 앞으로 당신에게 방광을 할 것입니다. 당신은 두려워하지 마십시오."

"문을 지키는 네 분의 여신이 당신의 뇌해에서 나와 당신에게 방광을 합니다. 동부에서 온 분은 흑색 두견 머리의 신비여신이며 손에 갈구리를 잡았고, 남부에서 온 분은 황색 양 머리의 신비여신이며 손에 동아줄을 가졌고, 서부에서 온 분은 홍색 사자 머리의 신비여신이며 손에 철 쇠사슬을 가졌고, 북부에서 온 분은 검은 녹색 뱀 머리의 신비여신입니다. 이 네 분은 당신의 뇌해에서 나와 문을 지키는 여신이며 앞으로 당신에게 방광을 놓습니다."

"이 스물여덟 분의 큰 세력의 여신은 모두 보생부처님의 자성의 법신에서 나왔고, 그분(보생부처님)의 여섯 분의 혁노가赫怒加성존도 그와 같으니, 당신은 응당 그분들을 인식하고 증득해야 합니다."

"위에서 말한 희락부喜樂部의 모든 제존들께서는 법신의 공성空性에서 나오셨고, 위에서 말한 분노부의 모든 제존들께서는 법신의 불빛에서 나와 이러하니, 당신은 응당 그분들을 인식하고 증득해야 합니다."

"이때에 이 58분의 피를 마시는 모든 제존들이 당신의 뇌해에서 나와 당신을 향해 방광을 비추는 순간에, 만약 당신이 그분들은 당신 자신의 자성의 찬란한 빛인 줄 인식하고 증득을 한다면, 당신은 바로 피를 마시는 모든 성존의 몸에 들어가 그분들과 합일이 되어 불과佛果를 증득하게 됩니다."

"만약 당신이 무서워서 이 모든 성존으로부터 도망을 하면 그 순간 인식·증득을 못해 당신은 다시 윤회의 고를 당해야 합니다. 음혈부의 모든 제존들에 대해 마음에 두려움이 생기면 공포심에 의해 혼미하게 되고, 이런 것을 모두 알지 못해 자기 의식의 이미지가 일단 허망한 상상을 만들게 되면 그 사람은 윤회에 떨어지지만, 만약 놀라지 않고 두려워하지 않는다면 그 사람은 바로 생사에 떠돌지 않습니다."

"희락부와 분노부의 모든 제존들은 모두 거대한 몸집의 모습이고, 가장 크면 허공과 같고, 중간이면 수미산만 하게 크고, 가장 작다 해도 또한 당신보다 18배나 큽니다. 그러나 당신은 응당 놀라지 말고 무서워하지 말아야 합니다. 바로 나타나 있던 일체 삼라만상이 일시에 모두 성존의 형상으로 변하여 앞으로 오면서 방광을 합니다. 이 방광의 불빛들은 당신 자신의 자성自性이 발현한 것입니다. 즉 인식을 하고 취하여 불과를 증득해야 합니다. 소위 찰나의 순간에 깨달아 원각을 증득해야 합니다. 이 점을 잊지 마시고 이러한 빛들과 3신三身과 화합하여 일체가 되어 불도를 증득해야 합니다."

"당신이 어떤 무섭고 겁나는 전경을 보았다 해도 그건 모두 당신의 의식이 만들어낸 형상들을 본 것입니다. 만약 당신이 인식과 증득을 하지 못하고 무서워서 물러선다면 일체 희락부의 모든 성존들이 바로 대흑천[52]의 형상으로 앞에 와서 방광을 하고, 분노부의 모든 성존들도 또한 염라법왕의 형상으로 앞에 와서 방광을 합니다. 이는 당신의 의식이 만들어낸 형상들로, 즉 허망한 마귀의 형상으로 변한 것이고 당신도 또한 윤회로 떨어져 들어가게 됩니다."

"만약 당신의 의식이 만들어내는 형상을 확실히 알지 못한다면 현교와 밀교의 이부二部 경장經藏에 정통하고 1겁의 세월 동안 수행을 한다 해도 불과를 증득하지 못합니다. 만약 당신의 의식이 만들어내는 형상을 인식하고 증득한다면 단지 한 가지 법의 요지에 의지해도, 혹은 단지 한 구절에 의지해도 불도를 증득할 수 있습니다."

"만약 당신의 의식이 만들어내는 형상을 확실히 알지 못한다면

---

[52] 대흑천大黑天: 범어 Mahā-kāla의 의역이다. 희락부와 분노부의 모든 성존들의 환화형상幻化形象이 융합하여 일체一體가 되어 이 대흑천의 신위神位로써 출현을 한다.

일단 죽은 후 실상중음에 즈음하여 염라법왕의 형상이 앞에 와서 방광을 하며 비춥니다. 염라법왕의 형상은 아주 크면 허공을 꽉 차고 중간이면 수미산만 하고 작아도 당신 몸의 18배나 되며, 온 세계에 충만합니다. 그들이 왔을 때 이빨로 씹고 눈에서는 불이 번쩍이고 머리 위를 묶고 허리는 가늘고 배는 크고 손에는 일생 동안 행한 업의 기록부를 들었고 입에서는 끊임없이 '쳐라! 죽여라!'의 소리가 납니다. 한쪽은 사람 머리부터 해서 몸이 나오면 심장을 꺼내고, 한쪽은 혀로 뇌를 핥고 입으로 피를 마십니다. 그들은 이렇게 땅이 꽉 차도록 앞에서 나옵니다."

"이처럼 의식이 만들어내는 형상들이 출현할 때 당신은 겁먹을 것 없습니다. 왜냐하면 현재 당신의 몸은 바로 업의 습기에 의한 의생신이고, 죽여 잘려지고 파열된다 해도 또한 죽지 않기 때문입니다. 실재를 말한다면 당신의 신체는 바로 일종의 공성空性의 몸입니다. 그렇기 때문에 두려울 게 없습니다. 염라왕의 몸도 또한 이와 같습니다. 다만 당신 자신의 지혜 광명이 반사하여 형성된 것으로, 물질로 형성된 물건이 아닙니다. 이는 공으로 공을 해치는 것으로, 사실은 가능하지 않습니다. 당신 자신의 자성이 영사하는 것 외에 일체 외부의 현상인 희락부와 분노부의 성존들, 음철부의 싱존들, 그리고 각종 금수머리의 성존들, 여러 가지 어두운 무지개 광륜 및 염라왕의 여러 가지 무서운 형상 등은 모두 진실한 실체가 없습니다. 만약 이와 같이 확실히 안다면 일체 공포나 무서움은 자연히 흩어지고 불이의 경계[53]에 들어가 불과佛果를 증득하게 됩니다."(3·7번)

> 집전하는 스님이나 선지식은 망자에게 그를 보호하는 본존이 누구이든 억념을 하고 그분들의 성호(명호)를 칭념하고 기원을 하게 해야 한다.

"존귀하신 ○○○ 영가시여!"
"만약 당신이 이러한 옹호 성존들을 믿고 발심하여 받아들이면 그분들은 임종의 험난한 중음경계에서 당신을 위해 오십니다. 당신은 마음속으로 그분들 속에서 가호를 받아야 한다고 믿고 삼보님을 억념하고 그분들에게 환희심과 공경심을 내야 합니다. 그리고 그분들의 명호를 칭념하고 다음과 같이 기도를 해야 합니다."

"저는 지금 중음에 떠돌고 있습니다. 간절히 원하오니 모두 속히

---

53 불이경계不二境界: 절대적인 진리의 경계를 말한다.

오셔서 구원해 주옵소서! 간절히 원하오니 자비의 은혜를 주시고 저를 구제하여 주옵소서! 신성의 모든 성존들이시여! 보호하여 제도해 주옵소서!"

"저는 지금 중음경계의 회오리바람에 있사옵니다. 간절히 원하오니 모두 속히 오셔서 저를 구원해 주옵소서! 간절히 원하오니 구제해 주시고 버리지 말아 주옵소서! 경애하는 스승님 본존이시여!"(3·7번)

> 집전하는 스님이나 선지식이 망자에게 음혈부의 모든 성존들을 경애하고 믿고 다음과 같이 기도를 따라 하도록 한다.

"생사유전의 모든 환영은 저의 악업에 의한 것이니, 저에게 그 공포를 없애고 밝은 길을 가게 하옵소서!

오직 원하오니 모든 부처님의 희락부와 분노부의 모든 제존들께서 앞에서 인도하여 주시고, 오직 원하오니 분노부의 모든 불모님께서 뒤에서 보호하여 주옵소서!

오직 원하오니 저를 험난한 길에서 안온하게 제도하여 주시고, 오직 원하오니 저로 하여금 일체를 성취한 불국토에 안주하게 하소서!

응당 저는 친지·친구를 버리고 홀로 회오리 속에서 흩어지고 있사오니 오직 의식의 공상空相에서 이 빛을 발하게 하소서!

오직 원하오니 모든 부처님의 대자비의 가피를 저에게 주시고, 저에게 중음의 경계에서 두려운 고난을 면하게 하소서!

다섯 지혜의 광명이 임하여 비춘다면 저로 하여금 알고 인식하고 증득하게 하시고 두려운 공포를 면하게 하소서!

희락부와 분노부 성존들의 성체聖體에 광명이 방광을 한다면 저에게 공포의 두려움을 면하고 중음에서 불과를 증득하게 하소서!

악업에 이끌려 좌절을 당할 때 오직 성존들의 옹호를 원하오니 저에게 흉함을 만나면 길함으로 변하게 하소서!

실상법에 소리가 천 가지 뇌성으로 진동한다면 오직 그 음성들이 육자대명[54]이 되게 하소서!

---

[54] 육자대명六字大明: 관세음보살님의 심주心呪이다. 즉 옴 마니 반메 훔Oṃ-ma-ṇi-pad-me-hūṃ 여섯 음절로 진언을 구성하였다고 해서 육자대명진언이라고 부른다. 의미는 일체 지혜 복덕의 근본을 상징한다. 티벳불교에선 관세음보살님이 호법신 혹은 수호신이다. 그러므로 인간계에 있든 중음계에 있든 단지 반복하여 염송을 하면 생사윤회를 끊고 열반의 문을 연다고 믿는다. 따라서 중음의 험난한 길에서 망자亡者에게 매우 중요하다. Oṃ은 천도(천상 혹은 천당)의 문호로 전생하는 것을 막음이고, ma는 아수라(싸움을 좋아하는 흉한 신)의 문호로 전생하는 것을 막음이고, ṇi는 인도(인간계)의 문호로 전생하는 것을 막음이고, pad는 축생도의 문호로 전생하는 것을 막음이고, me는 아귀도의 문호로 전생하는

지금처럼 숙세 업이 형상을 따르는 그림자 같이 서로 떨어지지 않는 것처럼, 오직 원하오니 신성神聖의 대비세존(관세음보살님)께서 고통과 어려움에서 구원해 주옵소서!

악업 습기의 모든 고난이 저의 몸에 임하였다면 오직 원하오니 광명으로 제 앞을 비추어 즐겁게 하사이다!

오직 원하오니 지·수·화·풍·공의 오대五大가 저의 원한의 적으로 발하지 않게 하시고 저로 하여금 오방의 대각세존의 불국토를 보고 얻게 하사이다!"(3·7번)

"이제 당신이 평생 독송하던 경전을 독송하고 당신이 좋아하던 불보살의 명호를 칭념할 것이니, 일심으로 잘 들으시고 산란한 마음을 내지 말며, 일심으로 부처님을 염하십시오."

이상과 같이 임종중음(초기중음)에서 실상중음(중기중음)에 이르기

것을 막음이고, hūṃ은 지옥도의 문호로 전생하는 것을 막음이다. 이 여섯 자에 의해 이 육도와 광경(light-path; 빛의 길) 사이에 여섯 종류의 상징적인 색채가 있다. 즉 Oṃ은 천도의 백색 빛의 길이고, ma는 아수라도의 녹색 빛의 길이고, ṇi는 인도의 황색 빛의 길이고, pad는 축생도의 남색 빛의 길이고, me는 아귀도의 홍색 빛의 길이고, hūṃ은 지옥도의 어두운 안개와 연기 혹은 흑색 빛의 길이다.

까지 실제 기도·천도의 해탈법을 실행하여 망자가 어떤 중음기간이든 법사나 선지식의 가르침을 지성至誠으로 듣고 받아들인다면, 생전에 악업이 얼마나 많든지 혹은 선업·무기업이 얼마나 적든지 간에 중음에서 해탈을 얻는다. 만약 이상과 같은 밀법의 해탈 방법을 받아들이면 중음단계에서 해탈을 못하는 일은 없다고 『티벳 중음제도경』에서 말하였다. 이러한 중음의 해탈 방법을 일심으로 실행하고도 여전히 증득을 못하고 중음에 머물러 있는 영가라면 한층 더 위험한 제3단계인 투생중음(말기중음)의 험난한 경계에 들어가게 된다.

그리고 어떤 사람이든지, 즉 광수(廣修; 여러 가지 수행)를 했든지 아니면 전수(專修; 오직 한 가지 수행)를 했든지 간에 일단 죽음이 임하면 업력 때문에 여러 잘못된 환영의 출현을 면할 길이 없다. 그러나 살아생전에 본래 몸의 신식神識 혹은 지성智性을 알고 지관止觀수행이나 선관禪觀수행의 경지를 경험한 사람이라면 죽음이 임했을 때 중음기간 중 명광이 현현을 하면 바로 융입할 수 있어 매우 큰 도움이 된다. 그리고 생전에 진언밀법의 중요한 본존本尊에 대해 관상觀想공부를 했다면 중음경계에서 희락부와 분노부의 성존들이 출현할 때도 또한 쉽게 인식할 수 있어 효과가 크다. 그렇기 때문에 생전에 이런 중음교법[55]을 학습하는 것이 중요하다.

다음은 제3단계인 투생중음의 해탈 방법을 보겠다.

55 중음교법中陰敎法: 죽은 후 가르침을 듣고 제도되어 대해탈을 하는 방법이다. 죽은 후 신식神識의 기억력은 생전보다 9배나 더 강렬하다고 한다. 그러므로 살아생전에 미리 이 밀법을 배워 익혀두면 중음에서 법사스님이나 선지식이 기도·천도로 일깨울 때 바로 기억을 되찾아 듣고 염하여 해탈을 하게 되기 때문에 생전 학습이 중요하다.

제3단계 투생중음(말기중음)의 해탈 방법

대략 사후 15일 정도에는 바로 말기의 중음기간에 들어간다. 그리고 이 제3단계의 중음경계에서 대략 사후 22일째가 되면 업의 그림자가 더욱 나타나기 시작한다. 여전히 친인척·지인 등이 슬퍼하고 우는 소리를 듣고 자신이 그들 옆에 가지만 그들은 자신을 알지 못하고 듣지 못하고 반응이 없어 불쾌하기도 하고 두렵고 무서워하며 피곤해 한다. 그러다 갑자기 그들을 떠나게 된다. 즉 해탈을 못한 의생신은 바로 이 중음기간에 수생受生 혹은 재생再生 또는 투생投生으로 다음 생의 몸을 찾게 된다.

비록 독송을 하고 실상중음의 경계에서 상세하고 많은 경책을 했지만 무거운 악업에 이끌려 두려움을 받고 공포를 당하는 망자는 그 인식과 증득이 어렵다. 이런 망자는 2재二齋 14일을 경과했어도 또한 독송과 경책이 더 필요하다. 그러므로 투생중음(말기중음)의 단계에 온 망자에게는 친인들이 지성으로 삼보님께 공양을 올리고 모든 불보살님의 가피가 있도록 기도·천도재를 지성껏 해야 하며, 망자의 이름을 3번 또는 7번을 부르고 다음과 같이 염송을 실행한다.

(1) 죽은 후 중음신의 생기生起와 초월적 기능을 일깨운다

"존귀하신 ○○○ 영가시여!"

"잘 듣고 잘 들으십시오! 그리고 마음에 기억을 하십시오. 인간이 죽은 후 지옥에 떨어지고 천도에 태어나고 그리고 중음의 몸을 받는 것은 화생化生에 속합니다. 당신은 실상중음의 경계에서 이미 희락부와 분노부의 모든 제존들의 불빛을 친히 보았지만 실상을 인식·증득하지 못해 공포로 무서워하고 혼미하여 죽은 후 오늘에 이르렀습니다."

"당신이 깨어난 후 당신의 신식神識도 또한 원래대로 회복되었습니다. 당신의 몸은 마치 혈육血肉의 몸과 같은 신체이고 인간 세상에 있을 때의 습기의 몸과 비슷하며 또한 복의 과보를 갖는 것도 높고 낮고 하지만, 이 욕망의 몸은 바로 중음경계에서 하나의 의식형태의 환영이기 때문에 욕망으로 생긴 몸〔慾生身〕이라고 합니다."

"이 몸은 당신이 천신에 태어난다면 천도의 전경이 바로 당신에게 현현합니다. 마찬가지로 당신이 어느 곳에 태어나든 그곳의 전경이 바로 당신에게 현현합니다. 가령 당신이 아수라에 태어난다면, 혹은 인간, 혹은 축생, 혹은 아귀, 혹은 지옥중생이면 그곳의 전경이 바로 당신에게 현현합니다."

"이와 같은 육도의 전경이 당신을 향해 현현하지만 당신은 따를 필요가 없습니다. 유혹을 받아들일 정도로 연약하지 말아야 합니다.

가령 당신이 연약하여 그들의 유혹을 받아들이고 좋아한다면 당신은 바로 육도의 윤회로 전생하여 고해를 떠나기 어렵습니다."

"사후로부터 오늘에 이르기까지 당신은 실상중음을 인식하지 못하고 지금에 이른 것입니다. 현재 당신은 참된 도를 잘 알아차려야 합니다. 당신의 마음을 분산하거나 산란하게 하지 말고, 부동으로 본래의 마음 상태에 안주하면 자성自性 공명[56]의 경계이고, 의식이 구성한 경계가 아닙니다. 그리고 법사스님 또는 선지식이 당신에게 의식이 생기지 않는 경계의 가르침을 계시할 것입니다. 그러면 당신은 해탈하여 자재하고, 태胎의 문에 들어가지 않습니다."

"가령 당신의 자력으로 증득을 못할 것 같으면 당신은 자신이 좋아하는 부처님과 스승을 관상하고, 그분들이 당신의 정수리, 즉 범혈(백회)에 앉아 계신다고 관상을 하십시오. 이는 매우 중요합니다. 그리고 마음을 흩트리지 말고 염하십시오."

"존귀하신 ○○○ 영가시여!"

"다시 제도를 할 것이니 잘 들으십시오. 소위 감각기관을 갖추지 않음이 없이 당신은 장애 없이 갈 수 있는 욕망의 몸입니다. 당신의 몸은 생전의 물질적인 육체의 몸과는 다르고 의식에서 생긴 몸〔意識身〕

---

[56] 공명空明: 진공眞空의 명광明光을 말한다.

입니다. 당신은 죽은 후 중음의 세계에 들어와 업력의 작용에 의한 능력을 갖게 되었습니다. 이는 일종의 환영이 변형된 신통입니다. 당신이 어디에 가려고 하면 바로 당신 마음대로 전개되어 나타납니다. 당신은 이를 탐착하면 절대 안 됩니다. 왜냐하면 당신 눈으로 보이는 것은 같은 유형의 중생이기 때문입니다."

> **망자를 위해 집전하는 스님이나 선지식에게 알림**
> 이상과 같이 인도하여 증득에 들어간다면 망자는 해탈을 얻고 육도윤회에 빠지지 않는다. 그러나 악업에 이끌려 증득이 여전히 어려운 망자라면 다시 다음과 같이 시도해야 한다.

(2) 죽은 후 중음의 경계와 현상을 일깨운다

"존귀하신 ○○○ 영가시여!"

"일단 중음의 몸이 되면 바로 생전에 잘 알던 어떤 지역의 친인들을 보게 됩니다. 이는 마치 꿈에서 보는 것과 같습니다. 당신은 친인들에게 말을 하거나 스님에게 말을 하지만 그들은 반응이 없습니다. 이때 당신은 당신의 가족들이 우는 것을 보고 생각을 합니다. '아, 나는 죽었구나! 어떻게 해야 하나?' 그래서 아주 다급해지고 초조해집니다.

마치 물고기가 불 속에 던져진 것 같은 처참함입니다. 이때의 고통을 어찌하겠습니까? 당신에게 만약 믿고 받들던 부처님이 계시다면 바로 그분에게 '자비의 가호를 주십시오'라고 기도를 하셔야 합니다. 당신은 가족들을 떠나지 못하고 애태우지만 소용이 없습니다. 빨리 자비하신 부처님께 기도를 올리면 마음에 고난이 사그라지고 공포가 사라지고 두려움이 가십니다."

"존귀하신 ○○○ 영가시여!"

"당신은 정해지지 않은 업의 바람에 떠돌며 마음의 불성을 의지하지 못하고 있습니다. 마치 새의 깃털이 바람에 어지러이 여기저기 날려지는 형국입니다. 그리고 당신은 울고 있는 가족 친지들을 보고 '나 여기 있어! 울지들 마라!' 하고 말하지만 그들은 당신의 말을 듣지 못하고 당신을 보지 못합니다. 그래서 당신은 '아! 나는 죽었구나!'라고 생각을 하고 매우 참담해집니다. 그러나 당신은 난감해 할 것 없습니다."

"존귀하신 ○○○ 영가시여!"

"당신에게는 낮과 밤의 구분이 없고 하루가 지나 밤이 되어도 마치 회색의 황혼 같습니다. 당신의 중음신은 인간 육체의 신경계통이 없어 일월의 빛을 보지 못하고 단지 죽은 상태의 영혼의 빛(astral light)을 볼 뿐이며, 그것은 인간세상의 해질 무렵의 빛처럼 보일 뿐입니다. 당신은 이런 중음의 세계에서 배회를 하며 하루, 이틀, 삼일,

사일, 오일, 육일, 칠일, 그리고 7주일의 시간을 경유하여 49일까지 갑니다. 일반적으로 투생중음의 고뇌는 22일 동안에 극심합니다. 물론 업에 의해 결정되는 영향력 때문에 정확한 기간으로 정해진 것은 없습니다."

"존귀하신 ○○○ 영가시여!"

"대략 이러한 때이면 무섭고도 맹렬한 업의 바람을 받아들이기가 어렵습니다. 한 번 또 한 번씩 광풍이 불어 당신을 밀고 끌어가려고 합니다. 하지만 당신은 놀라거나 무서워하지 말아야 합니다. 왜냐하면 그건 당신 자신의 망상이기 때문입니다. 사람은 세상에 살 때 자기 업력에 훈습되어 죽은 후 중음신의 망령이 모든 일체처 중음의 다른 망혼을 모두 그의 원수나 적으로 알기 때문에 이러한 망상의 환각이 일어나 악몽을 꾸는 것과 같습니다. 그때 한 줄 한 줄의 진한 암흑이 끊임없이 당신 앞에서 출현을 하면서 '쳐라! 죽여라!'라고 하는 소리들로 위협을 합니다. 그 암흑 속에서 당신을 향해 나오면서 위협합니다. 하지만 당신은 이런 것들을 무서워하지 마십시오."

"악업이 무겁고 큰 어떤 사람은 악업의 습기에서 생긴 식육食肉나찰이 각양각색의 무기를 갖고 '쳐라! 죽여라!' 고함지르고, 매우 무섭게 소동을 피웁니다. 또 여러 종류의 맹수들에게 쫓기는 유령의 환영이 이때에 출현을 합니다. 또는 눈, 비, 암흑, 광풍, 그리고 많은 사람들에게 쫓기는 여러 가지 환각이 나타나기도 합니다. 그리고 높은 산이 붕괴되는 소리, 분노의 파도소리, 강렬히 불타는 소리, 강풍이 불어 긁는 소리도 수시로 출현을 합니다."

"이러한 무서운 음성들이 사람을 향해 올 때 놀라 도망치는 쥐 같이 아무런 목표도 없습니다. 그런데 도망가는 길이 백색, 흑색, 그리고 홍색으로 된 세 갈래의 벼랑길에 멈추게 됩니다. 이 벼랑길은 매우 가파르고 무서워 사람이 마치 위에서 아래로 떨어질 것 같은 느낌입니다. 존귀하신 ○○○ 영가시여! 그것들은 진짜 벼랑길이 아닙니다. 그것은 삼독심인 탐심·성냄·어리석음의 변형입니다."

"이때 당신은 그것이 투생중음의 험만한 경계임을 알아야 합니다. 당신은 응당 자비하신 부처님 명호를 불러야 합니다. 그리고 간절히 이 기도를 하십시오."

"대자비하신 세존이시여! 그리고 저의 삼보님이시여! 청하고 원하오니 저 ○○○이(가) 험악한 길로 떨어지지 않게 하소서!"

"이러한 기도를 생각하고 절대 잊지 마십시오."
"또 어떤 사람들은 공덕을 쌓거나 지극한 심성으로 불법을 닦아 이때에 이르면 여러 가지 즐거움과 행복을 누리고 여유롭고 안온하고 일체를 구비해 가집니다. 그런데 어떤 부류는 선도 아니고 악도 아닌 무기無記업의 중생이기에 생전에 쌓은 공덕이 없고 또한 쌓은 악도 없습니다. 그들은 이때에 이르면 여러 가지 즐겁지도 괴롭지도 않는 느낌을 당합니다. 이는 어떠한 특수한 색채가 없는 경계입니다. 존귀하신 ○○○ 영가시여! 어떠한 광경이 나타나든 당신은 그것들 모두에 유혹당하지 말아야 합니다. 그것들을 탐하지 마십시오. 다만 사유하고 묵묵히 기도를 해야 합니다."

"오직 삼보님께 원하오니 이 모든 선의 공덕을 공양해 올립니다. 일체 모든 탐착과 미련을 버리겠습니다."

"가령 당신이 괴롭지도 즐겁지도 않고 단지 망연하고 막연한 감각이면 당신은 응당 지성을 유지하고 선정을 하여 산란하지 않은 경계[57]여야 합니다. 단 내가 지금 선관禪觀의 관상을 하고 있다고 생각하지 말아야 합니다. 이 점이 매우 중요합니다."

"존귀하신 ○○○ 영가시여!"

"이때 당신은 다리 위에서 혹은 사원에서 혹은 여덟 종류의 영탑(부도

---

[57] 상대성을 초월한 절대적 경지의 삼매인 마하무드라(大手印三昧)의 경계.

나 보탑)에서 반시간 정도는 쉴 수 있지만 오래 머물 수는 없습니다. 왜냐하면 당신 심식의 자성이 이미 당신 육체를 떠났기 때문입니다. 그래서 당신은 오래 머물 수 없고 답답하고 불안하며 고뇌는 말할 수 없을 정도입니다. 이는 당신의 망령亡靈이 업력에 이끌려 인간 처소에 유랑을 할 때이며, 의생신 혹은 욕망의 몸이기 때문에 오래 머물지 못합니다. 어떤 때는 당신 지성이 점점 흐려지고 우둔해지는 느낌입니다. 어떤 때는 날다가 떨어져 부서지는 듯한 느낌입니다. 이때 당신은 '오호 슬프도다! 내가 죽다니! 어찌하면 좋을고!'라는 생각이 들어 지성智性은 점점 처참해지고 마음은 번뇌로 가득하며, 어떠한 곳이든 당신의 지성을 안온하게 못합니다. 일체 모든 무서운 전경이나 고뇌는 완전히 업의 습성에 의한 느낌인 점을 알아야 합니다."

"음식[58]에 있어서도, 당신은 보이지 않는 정기精氣에 의해 사는 것이지, 인간이 공양하는 음식을 섭취하는 게 아닙니다. 그것 외에는 어떤 음식물도 없습니다. 친구에 있어서도, 이때는 혹은 있기도 하고 없기도 하고 일정하지 않습니다. 중음에서는 설령 친구가 있다 해도 그들이 당신 악업의 영향을 없앨 수 없습니다. 당신 자신이 벗어나야 합니다."

---

[58] 중음에 머무는 자는 정기精氣에 의한 3식食을 한다. 즉 락樂·염念·식識이다.

"존귀하신 ○○○ 영가시여!"

"이때 당신은 자신의 집, 식구, 친구, 그리고 당신의 유체遺體를 보고 '아! 내가 지금 죽었구나! 아! 어찌하나?' 하고 고통에 괴로워합니다. 그리고 '아! 내 육체를 떠나지 말아야 한다'고 생각을 합니다. 그런 다음 당신은 동분서주하며 육신을 찾으려고 합니다."

"당신은 자신의 유체에 아홉 번 이상이나 들어가 보지만 물론 헛수고입니다. 왜냐하면 당신은 실상중음의 경계에 들어와 보낸 시간이 너무 오래되어 겨울 같으면 냉동이 되었고 여름 같으면 부패되어 이미 당신의 가족들이 매장 혹은 화장을 했거나 아니면 산림이나 산에다 시다림 혹은 천장을 하여 새나 들짐승들이 먹었을 것이기 때문입니다. 그러니 당신은 적당한 육신을 찾지도 못하고 불안한 정서로 마치 암석이나 돌 사이에 낀 것 같은 고통을 느끼게 됩니다. 이러한 고통은 모두 중음경계에서 생의 전환[轉生]을 찾을 때 나타납니다. 가령 당신이 하나의 육신을 찾았다 해도 고통 이외에 당신이 얻는 것은 없습니다."

"당신은 마음을 안주하고 휴식을 하는 상태로 중음의 험난한 경계에서 벗어나 해탈의 자유자재를 얻어야 합니다."

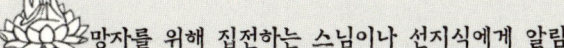

망자를 위해 집전하는 스님이나 선지식에게 알림

이상과 같이 인도하여도 망자가 증득에 들어가지 못하는 것은 악업에 이끌려 장애가 되기 때문이다. 그러므로 다시 다음과 같이 시도한다.

(3) 명계冥界⁵⁹의 심판을 일깨운다

"존귀하신 ○○○ 영가시여!"

"당신이 이처럼 고통을 당하는 것은 당신 자신의 업력에 의한 느낌이지 어떤 사람이 해치는 것이 아닙니다. 모두 당신 자신의 악업 때문입니다. 그러므로 당신은 간절히 삼보님께 기도를 해야 합니다. 가령 당신이 삼보님의 가피를 원하지 않는다면 당신은 어떻게 본존 부처님의 옹호를 받아야 할지 모릅니다. 그때는 당신에게 동시에 선신善神이 나와 당신의 선행을 흰돌로 계산하고, 또 동시에 당신에게 악신이 나와 당신의 악행을 검은돌로 계산합니다. 이때 당신은 대단히 놀라고 공포에 떨게 됩니다. 그리고 당신은 '나는 어떤 나쁜 짓을 한 적이

---

59 명계冥界: 협의로는 지옥세계를 말하고, 광의로는 지옥·아귀·축생의 3악도 세계를 말한다.

없다'고 거짓말을 합니다. 그러면 염라대왕은 '내가 업경[60]을 사용하여 보겠다'고 합니다. 그리고 염라대왕은 흉악한 옥졸에게 명령하여 당신의 목을 묶고 당신을 끌어다 당신의 머리를 자르고 심장을 꺼내고 위장을 꺼내고 당신의 골수를 빼내고 당신의 혈액을 마시고 당신의 육신을 먹습니다. 당신은 죽음에서 벗어나려고 하지만 당신의 육체는 이미 다 파괴되었습니다. 오래지 않아 다시 살아나지만 이와 같이 반복하여 잘려 죽음으로써 극렬한 고통과 좌절을 당합니다."

"당신은 흰돌과 검은돌로 죄업을 계산할 때 겁을 먹지 말고 또한 두려워하지 말아야 합니다. 다만 거짓말을 하지 마십시오. 그리고 면전의 염라법왕에게 긴장할 것 없습니다. 이때 당신의 신체는 의생신이기 때문에, 즉 죽이고 머리를 자르고 사지를 찢고 해도 또한 죽지 않습니다. 실재를 말하면 이때 당신의 신체는 공성空性의 몸입니다. 그래서 겁먹을 필요가 없습니다. 염라법왕은 당신의 환각에서 생긴 것입니다. 당신의 이런 욕망의 몸은 일종의 습기(習氣; 행업의 잠재적인 인상)의 몸입니다. 그래서 그 자성이 공空입니다. 공성空性은 어떠한

---

[60] 생전의 업이 기록된 거울을 말한다. 사실 이 업경業鏡은 망자가 생전에 행한 일의 기억이고, 염라대왕의 심판은 공평하고 정직한 양심 자체를 뜻한다. 그러므로 업경의 심판은 각자 자신의 업력에 따른 자동적인 심판이다.

상해도 없고, 실질적인 물질이 아닙니다."

"자신의 환각 이외에 실재를 말한다면, 당신의 마음 외에 염라대왕이나 선악의 신이나 소 머리를 한 죽음의 마귀 등 이러한 존재는 없습니다. 당신은 이와 같음을 잘 살피고 이 점을 확실히 알아야 합니다."

"이때 당신은 이와 같음을 알고 중음에서 응당 대수인삼매정大手印三昧定(마하무드라, 대수인심법)을 관하여 닦아야 합니다. 만약 이런 선정을 어떻게 관觀할지 모른다고 할지라도 세심한 마음으로 분석해 보면 당신에게 그런 두려움을 느끼게 한 것은 바로 자신의 본성입니다."

"당신이 처한 이런 경계에서 당신은 매우 강렬함을 증득할 것입니다. 단 공의 자성과 지혜의 자성을 분리하지는 못합니다. 이는 바로 일종의 제일의 몸[61], 즉 법신法身입니다. 이 몸의 능력은 어떠한 장애도 없이 방광을 하고 각처마다 방광을 놓으니 이는 바로 화신化身입니다."

"존귀하신 ○○○ 영가시여!"

"주의하여 잘 들으십시오. 당신은 마음을 산란하게 하지 마십시오. 당신은 이미 말한 보신報身, 제일신, 법신, 화신 중에서 어떤 한 몸을 얻게 되면 원만한 해탈을 하게 됩니다. 마음을 산란하게 하지 마십시오. 만약 당신이 이 시점에서 산란하여 법신과 분리된다면 얼마나 많은

---

61 제일신第一身: 범어 Ādi-kāya의 의역이고, 법신(法身, Dharma-kāya)과 동의어이다.

겁 동안 고초를 당할지 모릅니다."

망자를 위해 집전하는 스님이나 선지식에게 알림
망자가 어떻게 관법觀法을 닦아야 할지 모르는 상태이므로 다음과 같이 이끈다.

"존귀하신 ○○○ 영가시여! 만약 당신이 어떻게 관해야 할지 모른다면 당신은 대자비하신 세존·불법·승가를 억념하시고, 그리고 부처님께 기도를 하십시오. 그리고 공포나 두려운 귀매의 환영을 모두 당신을 보호하는 본존으로 생각하십시오. 혹은 대자비하신 세존으로 생각을 하십시오. 당신은 응당 생전에 받은 불명이나 스승의 법명을 염라대왕에게 정직하게 말씀드리고 벼랑에 떨어지는 상해를 받지 마십시오. 당신은 응당 두려움과 공포를 없애야 합니다."

망자를 위해 집전하는 스님이나 선지식에게 알림
이상과 같이 인도하여도 해탈하지 못한 망자에게는 계속 노력을 해야 한다. 이것이 상책이다. 그리고 다음과 같이 시도한다.

(4) 심념心念 결정의 영향을 일깨운다

"존귀하신 ○○○ 영가시여!"

"당신이 직접 받아들이는 느낌이 기쁨이든 고뇌이든, 아니면 마치 활을 쏠 때처럼 매우 강렬한 긴장상태가 되든 평온한 상태가 되든 당신은 이런 점을 조금도 좋아하거나 싫어하지 말아야 합니다. 가령 당신이 비교적 고품위의 전생轉生을 한다면 그 전경이 당신 앞에 나타납니다. 그리고 당신 세상의 친속들이 당신 망령亡靈을 위해 많은 동물로 제사를 지내거나 아니면 종교적인 의식을 하거나 그리고 큰 보시를 합니다. 당신은 그때 순수하지 못한 그러한 행동들을 보고 진노를 하고 일념지간에 바로 지옥에 떨어지기도 합니다. 당신의 유족들이 무엇을 하건 당신은 응당 경애의 마음으로 상대를 대하고 한 생각의 성냄도 내어서는 안 됩니다."

"그리고 당신의 유산을 잊지 못하여 생각하거나 혹은 당신의 유산을 다른 사람이 갖고 누리고 있는 것을 보고 난감해하거나 혹은 상속인에게 화가 나서는 안 됩니다. 이러한 감정들이 모두 당신의 심리에 악영향을 끼칩니다. 당신은 본래 비교적 높은 차원의 전생轉生을 해야 하고 또한 지옥이나 아귀도에 가지 않아야 하는데, 역으로 당신이 남겨둔 세상의 재물에 미련을 갖거나 한다면 아무런 의미가 없습니다. 당신은 그것을 소유할 수가 없습니다. 당신은 누가 당신의 재물을 갖고 누리고 있든지 상관하지 말고 인색한 감정이 없어야 하며 진심으로 베풀어야 합니다. 당신은 관상觀想으로 그것들을 모두 존귀하신 삼보님께 공양을 올리고 아무런 미련이 없고 탐욕이 없어야 합니다."

"또한 당신을 위해 악업을 없애는 어떠한 의식을 보았을 때 그 집전하는 스님들이 서원을 위배했거나 계행이 청정치 못하면 당신은 그분들에 대한 존경심을 잃고 의혹이 생기게 되어, '아! 정말로 위선자이구나!'라는 생각을 합니다. 그것이 당신에게 불쾌감을 갖게 하거나 성내게 하고 신심을 상실하게 하면 당신에게 악영향을 끼치게 되고 당신 자신이 비참한 경계에 들어가며 큰 손해를 당합니다. 당신은 스님들의 어떠한 거동이든, 의식이 합당하든 그렇지 않든 간에 이렇게 생각해야 합니다.

'아! 내 마음이 부정不淨하구나! 부처님 가르침에 어디 잘못이 있겠는가! 내 업경業鏡에 비춰진 오점은 내 얼굴의 더러움을 반영한 것이고, 내 자신의 관념이 청정하지 못한 것이다. 이 스님들을 말할 것 같으면, 승단은 그분들의 단체이고 법은 그분들 성인의 말씀이고 그분들 마음 속의 진실한 자성은 바로 실제 부처님이시다. 나는 응당 그분들한테서 가호를 받아야 한다.'

이렇게 생각을 한다면 그분들이 당신을 위해 어떤 일을 하든지 간에 목적은 모두 진심으로 당신을 이롭게 하고자 한 것입니다. 그러므로 당신은 자애의 마음을 일으켜야 합니다. 이 점이 매우 중요하니 잊지 마십시오."

"당신이 불행하게도 악취에 떨어졌다면 그 비참한 경계에서 당신을 향해 빛을 비춥니다. 그런데 당신의 자손이나 친인들이 정법으로 의식을 거행하고 삿된 행위가 없으며, 주지스님이나 고승대덕이 또한 신·구·의로 지극한 공덕의 법회를 거행한다면 당신은 그들에게 공경심을 내고 유쾌하게 느낍니다. 이런 감정은 자연히 당신의 심리에 영향을 미칩니다. 그리하여 당신이 불행한 악취에 전생轉生이 되어야 함에도 불구하고 비교적 좋은 곳에 투생을 하게 됩니다. 그러므로 당신은 좋지 않은 생각을 가져선 안 되고, 일체 개개인에 대해 순수한 감정과 겸손한 마음으로 대하고 피차를 분별하지 말아야 합니다. 이것은 매우 중요합니다."

"존귀하신 ○○○ 영가시여! 정해지지 않은 중음의 상태에서 끊임없이 움직이는 중에 당신이 어떤 생각을 하든지 간에, 그것이 경건한 생각이든 부정한 생각이든 매우 큰 힘을 발휘합니다. 그러므로 당신은 그런 부정한 일들을 생각하지 말고 오로지 지극한 신심과 일체의 진실한 수행을 생각하고 대비하신 세존께 가피를 구하는 게 중요합니다."

"당신은 다음과 같이 기도를 하십시오."

"제가 지금 친구들을 떠나 홀로 동으로 서로 (업력의) 광풍에 이끌릴 때 만약 업식業識을 만나 공의 본성(空性)이 반영된 환영의 몸이 나타난다면, 오직 자비하신 모든 제존들께 원하오니 저에게 가호를 주시고 저에게 중음 공포의 경계를 면하게 하옵소서!"

"만약 악업에 이끌려 비참한 불행을 만난다면 오직 모든 제존들께 원하오니 제가 만난 흉함을 길하게 바꾸어 주시고, 마치 천 개의 천둥 벼락 같은 실상實相의 범음梵音을 만난다면 오직 원하오니 전부 육자대명(옴 마니 반메 훔)의 법음이 되게 하소서!"

"만약 업력의 느낌이 몸을 따르기 때문에 보호가 없다면 오직 대비하신 세존께 원하오니 저를 옹호하는 성존이 되어 주시고, 만약 이곳에서 여러 가지 악습의 번뇌를 만난다면 오직 원하오니 희열喜悅삼매의 밝은 빛으로 비추어 임하여 주옵소서!"

망자를 위해 집전하는 스님이나 선지식에게 알림

이상과 같이 간절히 기도하여 인도한다면 해탈의 경지에 도달할 것은 의심의 여지가 없다. 응당 이러한 기도는 참으로 중요하다. 그러므로 반복하여 독송하고 가피를 얻게 해야 한다.

(5) 육도세계의 빛이 현현함을 일깨운다

"존귀하신 ○○○ 영가시여!"

"만약 당신이 아직도 위에서 여러 가지로 말한 뜻을 알지 못한다면 지금 이후로부터 당신 전생前生의 신체는 갈수록 암담해지고 내생의 신체는 갈수록 뚜렷해집니다. 이런 점에 대해 당신은 숙고해야 합니다.

'나는 지금 얼마나 불행한가! 이제 어떤 신체를 얻든지 간에 상관하지 않고 나는 뭐든지 찾아야 한다.'

만약 당신이 이런 생각을 갖고 계속 마음이 미혹하고 산란하여 동분서주한다면 그때 육도윤회의 빛이 당신을 향하여 비춥니다. 그중 당신이 장차 투생하게 될 윤회도의 빛은 업력의 감응에 의한 관계 때문에 당신의 눈에 가장 두드러지게 비춰질 것입니다."

"존귀하신 ○○○ 영가시여! 잘 들으십시오. 당신이 육도의 빛이 어느 윤회도에서 오는지 알고자 한다면 말씀을 드리겠습니다. 어두운 백색의 빛은 천도에서 오고, 어두운 녹색의 빛은 아수라도에서 오고, 어두운 황색의 빛은 인도(인간계)에서 오고, 어두운 남색의 빛은 축생도에서 오고, 어두운 홍색의 빛은 아귀도에서 오고, 어두운 안개와 연기색의 빛은 지옥도에서 옵니다. 이때 업력에 의해 이끌리는 관계 때문에 당신 자신의 신체는 그중 한 윤회도의 빛 안으로 들어가게 됩니다."

"존귀하신 ○○○ 영가시여! 이 가르침의 묘술이 매우 중요합니다. 이때 어떠한 빛이 당신을 향해 비추든 당신은 모든 것을 대비하신 세존으로 관상觀想을 하십시오. 그 빛이 어느 곳에서 왔든지 간에 바로 대비하신 세존으로 관상을 하십시오. 이는 일종의 초월하는 묘술입니다. 이제 당신은 육도에의 투생을 면하게 됩니다.

당신을 보호하는 본존이 어느 분이든 당신은 그분의 형상을 응시하며 관觀해야 하고, 그렇게 오랫동안 포기하지 않고 뚜렷하게 관하십시오. 그러면 당신을 보호하는 본존께서 바깥에서 안으로 향하여 점점 융화되고 완전히 없어져 보이지 않게 됩니다. 그런 다음 당신은 그 명광과 공성의 경계에 놓이게 되고 그곳에 안주하게 됩니다. 그리고 다시 당신을 보호하는 본존을 관상觀想하고 다시 그 명광을 관상하십시오. 이와 같이 번갈아 진행을 하면 당신의 의식意識이 또한 바깥에서 (본존의) 안으로 점점 융화되어 들어가게 됩니다. 그러면 허공이 충만하고 의식 또한 충만하며, 의식이 충만하고 법신 또한 충만합니다. 이 불생불멸의 법신에 안주해야 무생과 원각의 과果를 이 경계에서 모두 증득하게 됩니다."

 **망자를 위해 집전하는 스님이나 선지식에게 알림**

망자의 생전 수행이 전혀 없어 이상과 같이 인도引導를 하고도 해탈하지 못한 망자에게는 계속 노력을 해야 한다. 지금까지 노력했지만 깨닫지 못하고 환화幻化가 만들어낸 태문胎門을 찾아 떠돌게 된다. 이때는 응당 태문을 막는 방법을 강구해야 하고, 이는 매우 중요하다. 그러므로 다음과 같이 망자에게 시도한다.

(6) 투생(환생)의 과정을 일깨운다―태문胎門을 막음

① 태문을 막는 제1방법

"존귀하신 ○○○ 영가시여!"

"여전히 지금까지 인도한 가르침을 확실히 모른다면 이때 응당 업력에 의한 감응으로 인하여 당신은 하나의 인상印象을 받게 되는데, 당신은 위로 올라가거나 아니면 아래로 내려가거나 혹은 수평으로 움직이는 느낌을 받게 됩니다. 이때 당신은 응당 대비하신 세존을 관상해야 하고 잊지 말고 기억해야 합니다. 그 후는 전에 말씀드린 대로 한 번씩 폭풍이 있고 한 번씩 추운 바람이 있고 한 번씩 우박 비가 있고, 그리고 어둠과 많은 사람들에게 쫓긴다는 인상印象을 받게 되고 당신의 눈앞에 나타납니다. 이러한 상황에서 도망할 때 (생전에) 선업善業의 공덕을 쌓은 게 없는 사람은 도피를 한다 해도 고통의 경계에 들어가는 느낌이고, 선업의 공덕을 쌓은 사람이면 안락한 경계에 들어가는 인상을 느끼게 됩니다."

"바로 이때에 존귀하신 ○○○ 영가시여! 당신이 어떠한 곳에 투생을 하더라도 그 태어나는 곳의 징후가 당신을 향해 방광을 하고 나타납니다. 마음을 전념하여 잘 들으십시오. 이때 가령 당신에게 특정한 본존을 관할 분이 없다면 대비하신 세존을 관상하십시오. 그런 다음 관상이 이루어져 본존이 형성되고 보호를 하면 본존을 바깥에서부터 점점 안쪽으로 접근하면서 사라지게 하고, 그 공의 본성에서 나오는 밝은 빛[明光]을 주시하여 관하십시오. 어떠한 생각도 하지 말아야 합니다. 이는 매우 중요한 묘술의 법문이고, 이 법을 닦으면 태내에 들어가는 것을 막을 수 있습니다."

"비록 이렇게 관상을 했어도 여전히 당신에게 태내에 들어가는 것을 면하기 어렵다는 감이 오고, 당신이 느끼기에 태내에 들어가는 느낌이라면 다음과 같은 가르침으로 태문을 막아야 합니다."

"투생중음이 지금 눈앞에서 나타나면 당신은 이미 투생중음의 생사에 유랑하고 있는 것입니다. 이때 일심불란이 가장 긴요합니다. 정신을 집중하고 마음을 일념으로 붙들어 매야 합니다. 이때 당신 마음이 무엇을 생각하면 그 무엇이 바로 와서 앞에 나타납니다. 그러므로 당신은 응당 삿된 행을 생각해서는 안 됩니다. 왜냐하면 그 생각이 당신 심로心路의 여정을 전환시키기 때문입니다.

혹은 당신에게 설법을 했거나 관정을 한 어떤 사람이든 기억을 하고 선한 행위들을 계속 억념해 지니십시오. 이것은 매우 중요합니다. 절대 마음이 산란해지면 안 됩니다. 초월하느냐 타락하느냐의 경계가 바로 이 한 순간에 달려 있습니다. 태문을 막아 원한의 적을 방지하고, 선업의 줄을 단단히 붙들어야 합니다. 그러므로 간절히 경애하고 질투와 원한을 버리고 다만 세존부모님의 몸을 관상해야 합니다."

② 태문을 막는 제2방법
"존귀하신 ○○○ 영가시여!"
"이번에는 당신에게 남녀 성교의 광경이 보이게 됩니다. 기억을 하십시오. 가령 그들의 이런 일을 보게 되면 응당 노력하여 자제를 하고 절대로 그곳에 끼어 들어가면 안 됩니다. 그리고 그 남자(부친)와 여자(모친)를 당신의 성스러운 스승과 성모님으로 관상해야 합니다. 그리고 그분들에게 예배를 하고 경건한 마음으로 바른 믿음을 표시하고 그분들에게 당신에게 올바른 길을 지시하도록 간절히 부탁을 드려야 합니다."

"당신은 이런 결심이 있어야 태문을 확실히 막을 수 있습니다.

그렇지 않으면 결심은 있어도 여전히 태문을 막기가 어렵습니다. 당신 느낌에 그곳에 들어가려고 한다면 곧 성스런 부모님을 관상해야 하고, 즉 어떤 본존이나 혹은 자비하신 세존으로써 관상하여 당신의 심령이 지성으로 예경을 하고 은혜를 구하고 취해야 태문을 막을 수 있습니다."

③ **태문을 막는 제3방법**

"존귀하신 ○○○ 영가시여!"

"가령 위의 법을 사용해도 여전히 태문을 막기 어렵고, 또 당신의 느낌에 태내에 들어가는 느낌이라면 다음 법을 잘 들으십시오."

 "투생의 방식은 네 가지로 소위 태생胎生, 난생卵生, 화생化生, 그리고 습생濕生이 있습니다. 만약 앞서 말한 것처럼 남녀 성교의 광경이 나타나고 이때 애욕과 증오의 감정 때문에 태내에 들어간다면 말로 태어나거나 닭으로 태어나지 않으면 바로 개로 태어나거나 혹은 사람으로 태어납니다. 남자의 몸으로 태어난다면 몸은 남성의 감각을 나타내고, 즉 부친에게 원한을 사거나 질투를 하고 어머니의 정감에 기울어지는 경향이 있고, 여자의 몸으로 태어난다면 몸은 여성의 감각을 나타내고, 즉 어머니를 증오하는 경향이 있고 부친의 정감을 좋아합니다. 또한 이로 인해 정자와 난자가 결합할 때 태어나는 경계가 즐겁다는 느낌을 받습니다. 그러나 신식神識은 이런 즐거움의 경계를 체험하고 그 속에서 혼미해져 인사불성의 무의식상태로 들어갑니다. 오래지 않아 이 신식은 난포卵胞에 들어가고 태에 처한 상태에 있다가 자궁 속에서 나와 눈을 뜨고 보았을 때 또한 자기 자신이 이미 한 마리의 개로 변한 것을 발견합니다. 이전에는 사람이었는데 지금은 개로 변하여 개집에서 죄를 당해야 하는 것입니다. 혹은 한 마리 돼지로 변하여 돼지우리에서 고통을 당해야 합니다. 혹은 개미로 변하여 개미집에서 고통을 당하거나 혹은 곤충으로 변하고 혹은 굼벵이로 변하고 혹은 작은 소로 혹은 산양으로 변하는 등등, 또는 맹인, 농아, 벙어리, 혹은 지능장애 등 여러 가지 슬픔과 괴로움을 당하고 직접 사람의 몸으로 되돌릴 기회가 없습니다. 마찬가지로 신식도 또한 지옥에 떨어지거나 아귀도에 떨어지고 그리고 육도를 윤회하면서 비참한 경계를 만나 고난을 당합니다."

"악의 성품인 사람들 혹은 근본적으로 이런 두려움을 모르는 사람들은 정말로 불쌍합니다. 그리고 직접 법사스님의 가르침을 받지 않은 사람들은 모두 이처럼 윤회의 벼랑 계곡에 떨어져 참을 수 없는 고통을 당하고 나올 기약이 없습니다."

"당신은 사랑과 미움의 마음을 없애고 지금 당신에게 가르친 태문을 막는 법문을 잘 기억하시기 바랍니다. '나는 다시는 애증에 의지한 행을 하지 않겠다. 아아! 지금 이후로는 다시 애증에 의한 행을 하지 않겠다'고 다짐하고 절대로 변하지 말고 단지 마음을 한 곳에 집중하여 산란하지 말고 한마음 한뜻으로 마음을 지켜야 합니다."

④ **태문을 막는 제4방법**
"존귀하신 ○○○ 영가시여!"(3번)
"가령 위의 방법을 사용했어도 여전히 태문을 막기가 어렵고 또 태중에 들어가는 느낌이면 '부실여환'[62]의 법문을 사용하여 태문을 막아야 합니다."

'아! 저 한 쌍의 몸, 저 부모, 저 먹구름 비, 폭풍, 깨지는 소리, 두려운 귀매들, 그리고 일체의 현상들은 모두 허망하고 진실한 자성이 없다. 그들이 어떻게 나타나든지 간에 그들은 모두 실체가 없는 것들이다. 이 모든 것들은 다 허망하고 꿈과 같고 허깨비와 같다. 그들은 무상하여 변하는 것이며, 고정된 자성이 없으니, 이것들에 애착하는 것이 무슨 이익이 있겠는가! 이 모든 것들은 모두 내 자신의 감정과 의식에서 나타난 것이다. 이 허망한 심식(마음) 자체가 처음부터 존재

---

[62] 부실여환不實如幻: 허깨비와 같이 진실한 실체가 아님을 뜻한다.

하지 않는 것이거늘, 이런 외적인 경계가 과연 어디에 존재하겠는가! 내가 이러한 이치를 깨닫지 못하여 거짓된 것을 진실로 알았고 허망한 것을 사실로 보았다. 그래서 지금 이렇게 생사를 유랑하고 지금까지 윤회를 하고 있구나!'

"이렇게 생각하시고 당신은 일심을 지니고 생각을 정화해야만 거짓된 망상이 소멸할 것이며, 한 생각 진실한 믿음으로 내적인 청정심을 유지할 때 바로 내면으로 빛을 되돌릴 수 있고 태문을 막을 수 있습니다."

⑤ 태문을 막는 제5방법
"존귀하신 ○○○ 영가시여!"
"여전히 태문을 막기 힘들고 또 당신이 태중에 들어가는 느낌이면 이때 당신은 명광明光을 관조하는 방법으로 태문을 막아야 합니다. '아! 일체 만물은 모두 내 자신의 심식이다. 이 마음은 본래 공이고 불생불멸이다.' 이와 같이 관상을 하고 마음을 쉬게 하여 마치 법 자체의 본연의 상태처럼 마음을 자연스럽고 편안하게 하면 태문에 들어가는 것을 막을 수 있습니다."

 **망자를 위해 집전하는 스님이나 선지식에게 알림**

이상과 같이 태문을 막는 제1방법에서 제5방법까지, 그리고 다음 차례에 있는 태문을 선택하는 제6방법에서 제8방법까지 모두 3악도의 태문을 막는 묘법으로서 해탈하지 못하는 망자는 없다고 본다. 왜냐하면 첫째, 중음의 경계에 처한 신식神識은 약간 유루의 초월적인 감수의 능력을 갖고 있어 어떠한 일이든 모두 깨달아 알 수 있기 때문이다. 둘째, 생전에 귀머거리이고 맹인이었어도 이 중음에선 모든 감각기능이 모두 완전하게 변하여 예리해지고 청문(聽聞; 듣고 앎)을 하는 데 잘못됨이 없기 때문이다. 셋째, 망자는 끊임없이 두려운 전경에 핍박을 당하고 암담한 속에서 생각을 안 할 수가 없다. '어떻게 해야 좋을까? 어떤 게 상책일까?' 이때 신식은 그 청명하기가 대단하여 경책하여 일깨우면 수시로 모든 지시를 듣게 되고, 또 육체를 의지한 게 아니므로 능히 수시로 마음대로 어떠한 곳이든 가고자 하면 갈 수 있다. 넷째, 이때 마음은 생전에 비해 9배나 예리하고 밝기 때문에 지도를 하면 또한 쉽게 깨달아 안다. 생전에 어리석고 아둔했어도 이때는 의생신을 사용한 관계로 지성智性이 특별하게 맑고 능히 알기 때문이다. 이러한 우월한 점이 있기 때문에 망자에게 무엇을 가르쳐 보이면 바로 무엇이든 안다. 장례의식의 집행이 중요하고 요익한 효과가 있는 것은 바로 이런 이치이다. 그렇기 때문에 49일 중음기간에 가족이나 선지식은 나태하지 말고, 굳이 한 가지 관행觀行만으로 득도(得度: 제도)를 시도할 게 아니라 여러 가지 다른 관행으로도 해탈을 얻게 해야 한다.

⑥ 태문을 선택하는 제6방법—투생처의 방지

"존귀하신 ○○○ 영가시여!"

"잘 듣고 잘 들으십시오. 비록 지금까지 일심으로 관상을 했어도 당신은 여전히 이치를 깨닫지 못하고 있습니다. 아직 태문을 막지 못하였고 바로 투생의 몸을 받을 때가 도래한 것입니다. 이때 투생처의 특성과 징상徵象이 나타나면 당신은 응당 그 태어날 곳을 잘 살펴 관찰하고 투생처의 경계를 선택하여야 합니다."

"가령 동승신주[63]에 태어나게 된다면 바로 호수에서 암수의 거위가 노닐고 있는 것을 봅니다. 절대로 이곳에 태어나면 안 됩니다. 이곳에 태어난다면 안락한 행복을 누릴 수는 있습니다. 그러나 이곳에는 불법佛法이 성행하지 못하므로 피하는 게 상책입니다."

"가령 남섬부주[64]에 태어나게 된다면 바로 큰 빌딩과 호화로운 집들이 나열되어 있는 것을 보고 업력에 의해 느끼게 됩니다. 이곳에는 태어나도 무방합니다."

---

[63] 동승신주東勝身洲: 불교의 세계관에 의하면 동승신주는 사대주四大洲의 하나로 수미산 동쪽의 반달형의 대륙이다. 불교에선 수미산을 세계의 중심이라고 보며, 수미산은 지금의 히말라야에 해당한다.

[64] 남섬부주南贍部洲: 불교의 세계관에 의하면 이는 사대주四大洲의 하나로 수미산 남부의 대주大洲이다. 염부제라고도 한다. 현재 우리들이 살고 있는 세계이다.

"가령 서우하주[65]에 태어나게 된다면 바로 호숫가에 암수의 소와 말들이 흩어져 풀을 먹고 있는 것을 봅니다. 이곳에 태어나면 안 됩니다. 이곳에 태어난다면 부유한 복을 누릴 수는 있지만 이곳에는 불법佛法이 성행하지 못하므로 피하는 게 상책입니다."

"가령 북구로주[66]에 태어나게 된다면 바로 호숫가 산림에서 제사에 희생될 암수의 소들이 입을 꿰뚫은 채로 있는 것을 봅니다. 이곳에 수명은 비교적 길고 복의 과보도 또한 좋습니다. 단 이곳에는 불법佛法이 성행하지 못하므로 물론 피하는 게 상책입니다."

"가령 천상에 천신天神으로 태어나게 된다면 바로 여러 가지 금은보물로 만들어진 즐거운 궁전이 나열되어 있는 것을 보게 됩니다. 만약 이곳에 태어난다면 잠시 태어나는 것은 무방합니다."

"가령 아수라도에 아수라로 태어나게 된다면 바로 아름다운 산림이나 혹은 이와 반대로 불길로 싸여 있는 것을 보게 됩니다. 당신은 응당 이곳에 태어나서는 절대로 안 됩니다."

"가령 축생도에 동물로 태어나게 된다면 바로 암석의 동굴이나

---

65 서우하주西牛賀州: 불교의 세계관에 의하면 이는 사대주의 하나로 수미산 서부의 대륙이다.

66 북구로주北俱盧州: 불교의 세계관에 의하면 이는 대주의 하나로 수미산 북부의 대륙이다.

땅속의 구멍이 있고 안개와 연기가 그곳에 가득 찬 것을 보게 됩니다. 여기도 물론 태어나서는 안 됩니다."

"가령 아귀도에 아귀로 태어나게 된다면 바로 초목이 자라지 않는 황폐한 굴곡의 땅과 산림의 늪을 보게 됩니다. 당신은 기억하셔야 합니다. 이곳은 절대로 태어나서는 안 됩니다. 이곳에 태어나면 여러 가지 배고픔과 목마름의 고통을 당해야 하므로 참으로 참기가 어렵습니다."

"가령 지옥도에 죄인으로 태어나게 된다면 처량한 노랫소리가 들리고 업력에 의해 느끼게 되며 바로 저항하기 어려운 힘이 있어 그곳에 태어나도록 압박을 합니다. 이곳은 암울하고 검은색과 흰색의 집들이 잡다하게 있고, 지상에는 검은 동굴이 있고, 또 검은 길이 그곳을 가로지르고 있고, 그곳에 태어날 자를 그 위에서 싸우게 합니다. 가령 이곳에 태어난다면 바로 지옥에 들어가 참을 수 없는 여러 가지 형벌 및 혹한과 더위를 당해야 합니다. 그리고 장구한 세월 동안 나올 기약이 없습니다. 절대로 이곳에 태어나서는 안 됩니다. 있는 힘을 다해 이곳에 태어남을 면해야 합니다."

"존귀하신 ○○○ 영가시여!"

"당신의 마음이 원하지 않아도 업력의 행을 벌하는 옥졸이 채찍질하며 몰아쳐 앞으로 나가게 되고, 업력의 행을 벌하는 귀신병사가 뒤에서 몰아치고, 목숨을 자르는 도끼를 손에 들고 앞으로 끌고, 또 암흑, 업풍, 소음, 눈비, 매우 무서운 우박, 그리고 뼈를 자극하는 돌풍이 출현할 때 자연히 피하지 못하고 도망하려는 생각을 하게 됩니다. 이때 공포로 인해 가호를 찾게 되고, 그래서 앞서 말한 큰 건물, 암석 동굴, 지하 동굴, 산림, 그리고 연화 등등의 전경은 생각에 따라 눈앞에 나타나고 그중 한 곳에 도피하려고 들어가 감히 나오지 못합니다. 이때 나오자니 여의치 못하고 그래서 감히 나오지 못하고 그 보호하는 곳을 따르고 큰 미련의 정이 생깁니다. 만약 이런 죽음의 무서운 경계를 만나면 몸을 그곳에 숨고 감히 다시 나오지 못하고 생각지 못한 몸의 형상을 받고 여러 가지 고통을 당해야 합니다."

"이때 뒤에서 옥졸이 몰아치고 두려움과 공포의 정이 출현했을 때 바로 무상혁노가無上赫怒加부처님 혹은 마두명왕馬頭明王 혹은 금강수보살 혹은 어떠한 분이든 가호를 하시는 성존들의 그 장엄한 상과 그 장엄한 몸과 지체의 거대함과 그 분노의 위력을 관상하여 악한 사귀들을 미진으로 만들면 당신은 악귀의 핍박에서 벗어나 태문을 선택할 능력을 얻게 됩니다. 이 법은 매우 영묘靈妙하고 매우 중요하니 응당 마음에 기억을 해야 합니다."

"존귀하신 ○○○ 영가시여! 여러 부처님과 그 밖의 성존들은 모두 삼매력에 의해 생깁니다. 그리고 귀신 및 그밖에 몇몇 종류의 나찰

악귀는 몸이 중음경계에 처했을 때 그 마음이 변하여 그 형태를 받은 것입니다. 일체 모든 존재 그리고 허공을 종행하는 아귀, 그리고 그 밖의 8만4천의 악한 정귀精鬼들은 모두 중음의 의생신일 때 심식이 변화하여 형성된 것입니다. 이때는 응당 공을 관하고 선정에 들어가 대수인大手印의 법문을 억념해야 합니다. 만약 생전에 이러한 수련을 못했다면 일체는 모두 허망하고 진실이 아니라고 관할 수 있어야 합니다. 가령 이것도 관할 수 없다면 마음을 조금도 움직이지 말고 일심으로 대자비하신 관자재보살님의 가호를 관상觀想해야 바로 불과 佛果(최상의 깨달음)를 증득할 수 있게 됩니다."

⑦ 태문을 선택하는 제7방법—화생化生의 선택
"존귀하신 ○○○ 영가시여!"
"만약 당신이 업력에 이끌려 태내에 들어가게 된다면, 다음의 말을 잘 들으시고 태문을 선택해야 합니다. 태가 있는 걸 보게 되면 바로 들어가지 말아야 하고, 벌을 집행하려는 악귀가 몰아치면 바로 마두명왕[67]을 관상합니다."

"당신에게 현재 적으나마 미리 아는 초월적인 능력이 있고, 각종

---

[67] 마두명왕馬頭明王(hayagriva): 말머리 모양을 한 관세음보살.

투생할 곳이 모두 한 번씩 당신 앞에 현현한다면 당신은 법에 의해 선택을 해도 무방합니다. 이런 선택은 두 종류가 있습니다. 하나는 의식이 전환되어 청정한 부처님세계(불국토)에 태어나는 것이고, 하나는 더러운 생사의 태문을 선택하는 것입니다."

"가령 어떤 청정한 극락국토에 왕생을 한다면 그 투생의 방법은 다음과 같습니다.

'아아! 나는 무시이래로부터 생사의 고해를 유랑하고 지금에 이르렀다. 얼마나 오랜 겁을 지나왔는지도 모르니, 번뇌가 그 얼마이겠는가! 근본의식이 바로 내 자신인 줄 알지 못해 해탈과 불도를 증득하지 못했으니, 그 비통함에서 지금의 나는 얼마나 이 윤회에 지치고 두려움이 생기고 통한을 느끼는가! 생사의 속박을 벗어날 때가 바로 이제구나! 지금 나는 법과 같은 행을 서원하며 서방극락세계 아미타부처님의 가피 아래 연화좌의 화생化生을 원하노라.'

이와 같이 사유의 관상을 하고 난 후에 이 결정이나 혹은 서원으로 저 부처님의 청정한 세계로 이끌어 주길 발원합니다. 혹은 다른 부처님의 청정한 세계로 가는 것도 마찬가지입니다. 예를 들면 상승묘락부처님세계, 중보장엄부처님세계, 혹은 지극한 마음으로 당신이 갈망하는 그 어떤 부처님세계로 발원을 합니다. 혹은 당신이 도솔타천에 왕생하길 원한다면 미륵보살님을 친견해야 합니다. 그렇다면 이와 같이 사유를 하십시오. '제가 지금 도솔타천에 왕생하기 위해 미륵보살님을 친견해야 합니다. 하지만 저는 지금 중음경계에 처해 있습니다.' 이와 같은 발원을 지니고 일념으로 사유를 하면 바로 미륵보살님 계신 곳의 한 송이 연화좌에 화생하게 됩니다."

⑧ 태문을 선택하는 제8방법—태내에 들어갔어도 다시 인간세계로 되돌림

"존귀하신 ○○○ 영가시여!"

"가령 의식의 전환(遷識)으로 왕생을 못하고 바로 태내에 들어가려고 하면, 다음과 같은 가르침으로 윤회의 태문을 선택합니다."

"가령 내생이 가장 더러운 곳, 즉 정자와 난자가 만나는 자궁 속의 배아라면 바로 한 번 향기로운 맛의 느낌이 있어서 당신을 그곳으로 이끌어 당신의 내생이 결정됩니다. 그러한 자궁의 전경이 어떻게 보이든 간에 당신은 다음과 같은 태도로 어떤 좋은 감정이나 싫은 감정을 일으켜서는 안 됩니다. 즉 다음과 같이 하여 하나의 좋은 태문을 선택해야 하는데, 당신은 이때 이와 같이 발원을 해야 합니다.

'아아! 나는 응당 생이 바뀌어져〔轉生〕인간의 왕이 되어야 한다. 혹은 생이 바꿔져 바라문 성직자가 되어야 한다. 혹은 일체를 성취한 대덕大德의 자녀가 되어야 한다. 혹은 세세생생 청정한 보살 가문의 집에, 혹은 불심이 강한 신심이 있는 가문에 이처럼 생을 바꾸어 태어난 후에 큰 복의 과보를 얻고 일체 유정의 중생을 이롭게 해야 한다.'

이렇게 사유를 한 후에 발원을 하고 그 태내에 들어갑니다. 동시에 본유의 성은聖恩 혹은 선원善願의 광명이 그 태내를 비추어(관상을 함) 그곳이 변화하여 천상의 궁전이 되고, 또한 시방의 모든 부처님 및 보살님의 가호로 그곳에 자비의 능력이 내려지도록 가피를 청하고 기도를 한 후에 태내에 들어갑니다."

"이와 같이 태문을 선택하되 만약 잘못된 실수가 발생된다면 그것은 업력에 이끌렸기 때문입니다. 좋은 태를 선택한다고 했지만 좋지 않은 곳일 수가 있고, 반대로 좋지 않은 것이 좋은 태로 나타나는 것과 같은 일이 발생할 수 있습니다. 하지만 이럴 때 소홀히 보지 말고 다음과 같이 하십시오."

"그 태가 나타낸 좋은 상을 보고 좋아하는 감정이 생기지 않고, 그 태가 나타낸 좋지 않은 상을 보고 싫어하는 마음이 생기지 않아야 합니다. 좋고 싫고를 집착하지 않고 오히려 초월을 하면 편협되지 않은 평등한 경계에 안주하게 되니 이것이 무상묘법입니다."

> **망자를 위해 집전하는 스님이나 선지식에게 알림**
> 약간이라도 심령개발이나 심신心身수련을 했던 수행자를 제외하고는 악업의 남은 습기를 단번에 없앤다는 생각은 쉬운 일이 아니다. 그렇기 때문에 선근이 적고 악업이 깊은 사람은 이때 "좋고 싫은 마음을 버리게 하기"가 어려워 축생도에 떨어질 가능성이 있다. 그것을 없애는 방법은 다시 망자의 이름을 불러 다음과 같이 시도하는 것이다.

"존귀하신 ○○○ 영가시여!"

"가령 당신 자신이 좋아하고 싫어하는 마음을 없애기 어렵고 태문을 선택하는 방법을 여전히 모른다면, 그때 어떠한 전경이 눈앞에 나타나도 상관하지 말고 단지 삼보님을 부르고 가피를 청하십시오. 대자비하신 세존께 가슴을 펴고 머리를 들고 기도를 올리십시오. 그리고 자신이 처한 몸의 중음경계를 잘 알아야 합니다. 당신은 자녀나 친속에 대한 미련이나 나약한 정을 버려야 합니다. 그들은 당신에게 아무런 이득이 없습니다. 천상계의 하얀 빛 속으로 들어가거나 혹은 인간계의 노란

빛 속으로 들어가거나 금은보화로 만들어진 건물에 들어가거나 아름다운 화원에 들어가야 합니다."

(7) 망자의 천도를 위한 가피 게송

> **망자를 위해 집전하는 스님이나 선지식에게 알림**
>
> 위와 같이 망자에게 7번을 독송한 다음 아래의 「모든 부처님과 불보살님의 가피를 청하는 게송」, 「중음의 공포를 면하고 보호하도록 선원善願을 하는 게송」, 「중음의 험난한 경계를 면하도록 하는 기도의 가피 게송」, 「육도윤회의 중음경계를 경책하는 게송」을 각각 3번씩 독송한다. 지극하고 간절한 마음으로 망자 천도에 동참한 모든 친인들이 함께 독송한다. (티벳불교에서는 해탈 신온身蘊에 유용한 진언 "탑도"[68] 및 「자발업습의궤송自拔業習儀頌」도 각각 1번씩 독송한다.)

---

68 탑도搭渡: 티벳의 『타돌Btags-grol』이라는 책명을 음역한 것이 탑도(搭渡, Tah-dol)이다. 이 책은 간단한 소책자로 내용은 모두 진언으로 구성되어 있으며 주로 중음제도에 부수적으로 사용한다. 예를 들면 만약 망자가 생전에 이미 이 탑도 진언(Tah-dol mantras)의 효력을 알고 있었다면 탑도 진언을 쓴 다라니를 그 망자의 시체에 덮어줘 함께 화장火葬을 하거나 혹은 매장埋葬을 한다.

① 모든 부처님과 불보살님의 가피를 청하는 게송

모든 부처님과 불보살님이시여! 시방에 아니 계신 곳이 없으시며 일체를 가련히 여기시고 예지의 능력과 대자비로 일체 유정들을 보호하시는 모든 성존들께 구원을 청하옵니다.

당신들께 청하오니 자비와 원력으로 강림하시어 이 모든 공양물과 공양의 마음을 받아 주옵소서! 자비하신 모든 성존들이시여! 당신들께는 관용의 지혜와 가련히 여기시는 무연대자비가 있고 가호의 능력이 있어 모두 불가사의하십니다.

대자대비하신 모든 성존들이시여! 지금 ○○○은 중음경계에 들어가 이 세상을 떠나려 하고 있으며, 장차 대 도약을 해야 합니다. 이제 ○○○은 가족도 없고 친구도 없고 보호하는 사람도 없고 어떠한 능력도 없사옵니다. 그는 지금 암울한 암흑에 들어가며, 험난한 벼랑에 떨어집니다. 그는 황무지의 산림에 들어가 악업의 습기에 의해 쫓기고 있고, 업풍에 밀려 불안한 경계에서 죽음의 사자에게 공포를 당하고 있으며, 현재 생사의 유전에 떠돌며 홀로 저항할 힘이 없습니다.

대자대비하신 모든 성존들이시여! 당신들께서 이 힘없는 ○○○을 보호하여 주시고 험난한 중음의 길에서 보호하여 염라대왕의 두려움에서 벗어나게 하사이다. 모든 불보살 성존들이시여! 나약한 그가 자비의 법문으로 악업의 지배를 당하지 않고 불보살님의 가호로 중음의 처참한 경계에서 해탈하게 하소서!

② 죽음의 공포를 면하고 보호하도록 선원善願을 하는 게송

시방의 모든 부처님과 모든 법왕자들이시여! 보현불모님의 희락부와 분노부의 모든 대중 성존들이시여! 모든 천신天神과 공행천모空行天母님과 성존들이시여! 대자대비의 가피를 청하옵니다. 저희들을 진정한 도道로 인도하여 주시길 원하옵니다.

생사의 유전은 모두 허망한 업에 의한 감수이니, 이 문사수聞思修의 지혜로 길을 비추실 때 앞에서는 오직 깨달으신 연화생스승께서 인도하여 주시길 원하옵고, 뒤에서는 오직 모든 부部의 불모님께서 보호하여 주시길 원하옵고, ○○○을 무서운 중음의 험난한 길에서 안온하게 제도하여 주시고, ○○○에게 일체가 원만한 부처님경계에 안주하게 하사이다.

생사의 유전은 모두 성냄의 업에 의한 감수이니, 이 대원경지大圓境地의 빛으로 길을 비추실 때 앞에서는 오직 금강살타께서 인도하여 주시길 원하옵고, 뒤에서는 오직 마마기불모님께서 보호하여 주시길 원하옵고, ○○○을 무서운 중음의 험난한 길에서 안온하게 제도하여 주시고, ○○○에게 일체가 원만한 부처님경계에 안주하게 하사이다.

생사의 유전은 모두 교만에 의한 감수이니, 이 평등성지平等性智의

빛으로 길을 비추실 때 앞에서는 오직 보생여래께서 인도하여 주시길 원하옵고, 뒤에서는 오직 불안佛眼불모님께서 보호하여 주시길 원하옵고, ○○○을 무서운 중음의 험난한 길에서 안온하게 제도하여 주시고, ○○○에게 일체가 원만한 부처님경계에 안주하게 하사이다.

생사의 유전은 모두 탐욕의 업에 의한 감수이니, 이 묘관찰지妙觀察智의 빛으로 길을 비추실 때 앞에서는 오직 아미타부처님께서 인도하여 주시길 원하옵고, 뒤에서는 오직 백의불모님께서 보호하여 주시길 원하옵고, ○○○을 무서운 중음의 험난한 길에서 안온하게 제도하여 주시고, ○○○에게 일체가 원만한 부처님경계에 안주하게 하사이다.

생사의 유전은 모두 질투에 의한 감수이니, 이 성소작지成所作智의 빛으로 길을 비추실 때 앞에서는 오직 불공여래께서 인도하여 주시길 원하옵고, 뒤에서는 오직 도모度母불모님께서 보호하여 주시길 원하옵고, ○○○을 무서운 중음의 험난한 길에서 안온하게 제도하여 주시고, ○○○에게 일체가 원만한 부처님경계에 안주하게 하사이다.

생사의 유전은 모두 미혹한 업에 의한 감수이니, 이 미혹을 버리고 두려움에서 벗어나도록 지혜의 빛으로 길을 비추실 때 앞에서는 오직 분노세존께서 인도하여 주시길 원하옵고, 뒤에서는 오직 분노불모님께서 보호하여 주시길 원하옵고, ○○○을 무서운 중음의 험난한 길에서 안온하게 제도하여 주시고, ○○○에게 일체가 원만한 부처님

경계에 안주하게 하사이다.

생사의 유전은 모두 악습에 의한 감수이니, 이 구생俱生[69]지혜의 빛으로 길을 비추실 때 앞에서는 오직 용건지명勇健持明보살님께서 인도하여 주시길 원하옵고, 뒤에서는 오직 공행불모님께서 보호하여 주시길 원하옵고, ○○○을 무서운 중음의 험난한 길에서 안온하게 제도하여 주시고, ○○○에게 일체가 원만한 부처님경계에 안주하게 하사이다.

공대空大가 일어나도 오직 ○○○과 적이 되지 않기를 원하옵고 오직 ○○○에게 남색의 부처님세계를 친견하게 하시길 원하옵니다.
수대水大가 일어나도 오직 ○○○과 적이 되지 않기를 원하옵고 오직 ○○○에게 백색의 부처님세계를 친견하게 하시길 원하옵니다.
지대地大가 일어나도 오직 ○○○과 적이 되지 않기를 원하옵고 오직 ○○○에게 황색의 부처님세계를 친견하게 하시길 원하옵니다.
화대火大가 일어나도 오직 ○○○과 적이 되지 않기를 원하옵고 오직 ○○○에게 홍색의 부처님세계를 친견하게 하시길 원하옵니다.

---

69 구생俱生: 범어 Sama-utpatti 또는 sahaja의 의역으로, 동시에 함께 생기고 떨어지지 않음을 뜻한다. 예를 들면 일체 유위의 여러 가지 의념이 생길 때 반드시 생生·주住·이異·멸滅의 4상四相이 함께 일어남을 구생이라 한다.

풍대風大가 일어나도 오직 ○○○과 적이 되지 않기를 원하옵고 오직 ○○○에게 녹색의 부처님세계를 친견하게 하시길 원합니다.

무지갯빛이 일어나도 오직 ○○○과 적이 되지 않기를 원하옵고 오직 ○○○에게 모든 부처님세계를 친견하게 하시길 원합니다.

오직 ○○○에게 많은 음성이 자성의 음성임을 알도록 해 주길 원하옵고

오직 ○○○에게 많은 빛이 자성의 빛임을 알도록 해 주길 원하옵고

오직 ○○○에게 중음에서 법신·보신·화신의 3신三身을 증득하도록 해 주시길 원합니다.

③ 여섯 가지 중음경계의 근본적인 경책 게송

아! 지금 생처중음(生處中陰; 깨어 있는 일상적인 의식 상태)의 경계가 나타나고 있습니다. 다시는 방일하지 말아야 합니다. 인생 어디에 그렇게 나태할 시절이 있겠습니까! 응당 산란하지 말고 한마음으로 문聞·사思·수修의 도를 닦고 실상에 들어가 증득해야 합니다. 물질과 마음〔色心〕의 자성을 깨닫는 도를 실천하여 법신·보신·화신의 3신三身을 동시에 증득해야 합니다. 이제 한번 인간의 몸을 얻으면 이 생명이 헛되게 되지 않기를 원합니다.

아! 지금 몽경중음(夢境中陰: 꿈속의 의식 상태) 경계가 나타나고

있습니다. 다시는 긴 수면의 어리석음에 빠지지 말아야 하는데, 마치 죽은 시체와 같습니다. 응당 산란하지 말고 한마음으로 법 본연의 경지에 머물러야 합니다. 중생교화를 위해 여러 가지 변화를 일으키는 능력[神變]을 닦아 꿈의 경계의 진실한 본성을 알고자 원하옵니다. 잠과 깨어있음이 하나같도록 수행하여 축생처럼 어리석지 말아야 합니다.

아! 지금 선정중음(禪定中陰; 선정에 든 의식 상태)의 경계가 나타나고 있습니다. 다시는 망상으로 산란하지 말아야 합니다. 응당 일심불란하여 무진삼매(無盡三昧; akṣaya, 불생불멸의 진리의 경지에 드는 삼매)의 경계에 안주해야 합니다. 저는 관법을 얻어 원만한 경계에 안주하기를 원하오니 둘 다 모두 견고하게 하사이다. 일체를 놓아 버려야 하며, 어리석은 감정에 빠져 산란하지 않아야 합니다.

아! 지금 임종중음(임종할 때의 의식 상태)의 경계가 나타나고 있습니다. 다시는 미련하게 탐착을 하지 말아야 합니다. 어찌 연연해 할 수 있겠습니까! 응당 일심불란하고, 공을 이해하고 정각正覺의 도에 들어가 증득을 해야 합니다. 저 자신은 불생불멸의 경계와 계합하기를 원하옵니다. 혈육血肉의 몸을 이미 버릴 때가 되었으니 저는 그 무상하고 허망함을 알고자 원하옵니다.

아! 지금 실상중음(실상을 체험할 때의 의식 상태)의 경계가 나타나고 있습니다. 다시는 두려워하거나 놀라지 말아야 합니다. 일체가 모두 거짓입니다. 응당 일심불란하여 만상은 모두 자신의 의식이 현현한 줄 정확히 알아야 합니다. 저는 그것들이 모두 중음의 경계에서 나타난 환영인 줄 알고자 원합니다. 소위 희락부와 분노부의 모든 성존들은 모두 그대 자신의 의식이 변형된 것입니다.

아! 지금 투생중음(投生中陰; 다음 생을 찾을 때의 의식 상태)의 경계가 나타나고 있습니다. 일심으로 원하오니 선업을 지속하고 끊임없이 정진하게 하소서. 오직 태문을 막고 들어가지 않기를 원하옵니다. 기력이 필요하고 자애로움이 있어야 할 시점입니다. 질투와 원한을 버리고 일심으로 부처님과 불모님 두 분을 관상해야 합니다.

이 생生을 짊어지고 헤맸지만 생각지 못한 죽음이 도래하였습니다. 생을 허비하고 죽음에 떠돌며 좋은 시기를 버렸으니 모두가 무익합니다. 빈손으로 돌아가야 하다니 참으로 안타깝습니다. 이미 성인의 법聖法을 알았으니 당신은 확실하게 수행해야 합니다. 어찌 아직도 뜻을 다해 전심전력하지 않으십니까?

④ 중음의 험난한 경계를 면하도록 하는 기도의 가피 게송
목숨이 다하면 가족과 친구라도 구할 수 없습니다. 홀로 중음을 헤매이는 것은 정말로 고뇌입니다. 희락부와 분노부 성존들께서는 자비로운

가피로 무명의 어둠을 타파하여 밝아지게 하소서!

친구를 떠나 혼자인 몸이 홀로 떠도니, 공허한 의식의 환영이 마음에서 일어납니다. 오직 모든 부처님 자비로운 가피를 원하오니 중음경계에서 근심 걱정을 없애 주소서!

악업의 업력으로 고통을 받으니, 청정하신 희락부와 분노부의 성존들이시여! 고통을 없애주시고, 실상의 소리로 천 가지 천둥우레를 대승의 묘한 법음法音[70]으로 만들어 주옵소서!

악업이 몸을 따르면 너무 무섭나니, 희락부와 분노부의 성존께서는 항상 옹호하시고 가피를 내리소서! 고통을 받는 것은 모두 업의 습기 때문이니 삼매의 밝은 빛[明光]이 제 앞에 임하소서!

투생중음에서 의식이 전환[遷識]되어 왕생을 하고, 천마天魔의 삿된 빛이 제 앞에 오지 못하게 하소서! 어떠한 불국토이든 왕생을 원하오니 악업의 환영이 저를 속이지 못하게 하소서!

사나운 맹수의 울부짖는 소리가 크게 들리면, 원하오니 모두 육자대명주(옴 마니 반메 훔)로 변하게 하시고, 만약 눈비, 검은 바람이 쫓고 있다면 밝은 지혜, 천안으로 모두 꿰뚫어 보게 하소서!

중음의 유정이 화합하여 머물며 서로 질투하지 않고 수승한 곳에

---

[70] '옴 마니 반메 훔'을 비롯한 대승의 모든 진언.

태어나길 원하옵고, 만약 기갈(아귀도), 추위와 더위(지옥도)의 경계를 만나게 된다면 기갈, 추위와 더위의 고통을 당하지 않게 하소서!

　미래의 부모가 성교할 때 그분들 몸을 희락부와 분노부의 성존과 같은 부모로 보게 하시고, 전생轉生하는 곳마다 이타행을 하고, 상호를 장엄하고 존경의 신망을 얻게 하소서!

　원하오니 제가 잘난 남자의 몸을 얻어 보는 이 듣는 이가 모두 청정해지게 하소서. 악업이 저를 쫓지 않도록 하시고, 선업이 서로 계속 이어져 더욱 증가하게 하소서!

　어떤 곳에 전생轉生을 하든 상관없이 모두 희락부와 분노부의 성존을 만나고, 태어나면 바로 말할 수 있고 걸을 수 있게 하시고, 숙명지宿命智로 전생前生을 잘 기억하게 하소서!

　대승이든 소승이든 중승中乘이든 상관없이 한 번에 보고 듣고 생각함이 바로 상응하게 하시고, 태어난 곳이 상서롭고 길이 안락하며, 일체 유정이 모두 화합하고 순응하게 하소서!

　희락부와 분노부의 모든 성존들의 장엄한 몸과 권속과 수명이 한결같듯이〔一若〕저희들도 당신들과 같이 모두 평등하게 하소서!

　무량한 희락부와 분노부와 보현보살의 은혜, 원만 청정한 법성의 은혜, 밀교부 행자의 가지력 은혜를 모두 원하오니 모든 원을 바로 성취하게 하소서!

⑤ 회향 게송

> ●이 게송은 『티벳 중음제도(득도)경』을 편집한 라마(스님) 혹은 작자作者가 쓴 하나의 회향 게송이다.

저는 선근의 청정한 마음으로
이 경을 편집하여 중생에게 베푸나이다.
원하오니 모든 무정 유정의 어머니들이
부처님의 극락세계에 함께 오르게 하소서!
그 상서로운 광명이 인간세계에 비춰지기를 원하오며
일체의 선원善願을 모두 성취하게 하소서!

Ⅲ. 일상에서의 실천법

이상 살펴본 경문의 사상체계는 "일체법공"과 "중도실상"을 기초로 한 대승불교의 이제二諦·중도中道사상의 이념으로 불가사의한 해탈경계에서 무소외無所畏의 사후생명(일명 의생신) 혹은 사후세계를 설명하고 있다. 그러므로 본서의 의도는 바로 이러한 사후 중음의 과정을 우리가 미리 인식하고 중음에서 자신이 해탈을 하기 위한 방법의 모색 및 타인의 중음의식을 천도하기 위한 것이다.

『티벳 중음제도경』 제2권 끝의 경문에 의하면 "망자 앞에서 어떠한 경전이든 설하여 교법을 이해하게 하고, 교법 독송을 마치고 수도의 차제대로 하면 더욱 영험한 효과가 있다. 또한 평상시에도 (중음득도의) 교법을 암송하고 항상 끊이지 말라! 사람들마다 교법의 구절을 기억하고, 일단 목숨이 끊어져 죽음이 오게 되면 응당 그 의미를 자신이 암송해야 한다. 친인이 와서 그를 위해 낭송을 해 주면 잘 듣고 자신을 능히 (중음에서) 제도할 수 있다. 이는 진실하고 헛되지 않는 교법의 묘미이다. 선정이나 다른 수행법에 의지하지 않고도 한 번 독송을 들음으로써 또한 (중음에서) 초탈할 수 있다. 이와 같은 묘법을 독송하는 자나 듣는 자는 모두 득도得度가 된다. 막중한 악업의 장애가 있어도 또한 교법에 의해 비밀의 가피로 생사를 해탈한다. 이 교법 구절의 의미를 잘 기억하고 또한 잊지 말라! 목숨이 끊어지면 이 교법을 의지하여 (중음에서) 불과를 증득해야 한다. 삼세의 모든 부처님도 응당 이 법의 기연을 선택하셨고 이를 넘기신 적이 없다."고 하였다.

다시 말해 누구든 태어나면 자신도 모르게 어느 새 늙음이 오고, 늙게 되면 또 병이 오고, 병들고 나면 반드시 죽게 되는 게 인생의 근본 여정이다. 그리고 죽음을 맞게 되면 보통 3일 반이나 4일까지 망자는 여느 때나 다름없이 보여 대부분 잠자는 상태나 혹은 혼미한 상태로 보인다. 그리고 망자의 신식神識은 이미 육체를 떠났으나 자신은 그런 줄을 모른다. 이때가 초기중음, 즉 임종중음으로, 명광이 현현을 하고 처음으로 법연의 몸을 만들게 되지만 망자는 생전의 업력에 의해 이를 식별하지 못하고 명광과 함께 융입을 못하는 상태가 된다. 이때 빛은 어두운 색으로 변하면서 초기중음이 끝난다.

초기중음이 끝나게 될 즈음에 망자는 그때서야 자신이 이미 죽은 줄 알게 된다. 이때 중기중음, 즉 실상중음이 열린다. 망자의 신식이 초기중음의 혼미상태에서 깨어나지만 중기중음에 들어와서도 계속 혼미상태이고, 마치 잠에서 깨어나고 다시 잠을 자고 다시 깨어나듯이 반복하다가 후기중음, 즉 투생중음에 들어가게 된다. 초기중음과 중기중음에서 생전에 지은 일체 업이 환화幻化로 반영되어 하나하나 나타나는데, 모두 객관적인 전경으로 보인다. 이때 망자는 그 전경들을 보고 자신의 업력에 이끌려 자성의 법신과 융입하는 해탈·증득을 못하고 수시로 잘못을 한다. 혈육血肉의 몸이 없는 이때에 망자는 육체를 찾기 시작한다. 그리고 이때 투생중음에 들어가게 된다. 이러한 과정이 바로 필연적인 사후의 과정이다. 가령 망자가 중음기간에 해탈을 못하게 되면 자연히 49일간 중음의 경계에 있게 된다. 문제는 중음기간 중 업력의 지배를 받아 전생轉生 윤회를 하는 곳이 어디냐 이다.

생전에 이러한 인생의 여정(생사의 과정)을 수련했거나 혹은 유가수행(선정수행)을 행하여 임종에 임했을 때 포와(phowa: 의식전환)법을 사용한다면 굳이 중음의 단계를 거치지 않고도 바로 경계를 초월할 수 있어 가장 이상적인 길이다. 또한 생전에 조금이라도 이러한 공부를 했거나 포와법을 수련해 약간이라도 친숙한 자이면 죽음이 왔을 때 실상중음에서 명광을 인식하고 증득하여 해탈을 얻을 수 있는 기회가 있다.

하지만 임종이 왔을 때 설령 법사스님이나 선지식이 망자를 위해 경문을 독송하고 천도를 행한다 해도 생전에 선업善業이 적고 죽음에 대한 인식이나 의식의 전환이 전혀 없었다면 악업의 장애가 막중하여 아무리 중음기간 중 천도를 한다 해도 쉽지 않다. 왜냐하면 망자 자신이 생전의 습성에 의해 방황하고 잘못 인식하고 인도引導를 따르지 않아 위험한 투생중음에 빠지기 때문이다. 바로 이런 망자를 위해 여러 측면의 태문을 막는 실행법을 잘 알아 망자의 전생轉生을 보다 더 나은 경계로 이끌어야 한다. 적어도 아귀도·축생도·지옥도인 삼악도의 태문은 막아야 한다. 그러므로 망자에게 집전을 하는 법사스님이나 선지식은 무엇보다도 지극정성으로 49재를 봉행하면서 삼보님께 예경하고 가피를 구하고 본서에서 인용한 경문의 해탈 실행법을 병행해 독송하여 망자의 신식神識을 인도하고 선도善道에 전생하도록 하는 게 중요하다.

  임종을 맞으면 누구든 중음의 경계에 들어간다. 이 중음에서 생전에 미리 배운 본서의 교법을 기억하게 일깨우고 의식의 전환법(phowa)을 닦고 교법처럼 행하게 하여 자연히 해탈을 얻게 해야 한다. 망자도 물론 중음의 경계에서 일심불란하고 일체 전경을 잘 관찰하고 독송하는 경문의 실행법을 잘 듣고 해탈을 해야 한다. 본서 경문의 실행법은 망자의 육도윤회를 정화淨化하기 위한 법문으로, 즉 임종을 맞이한 자에게 바로 시작하여 7×7=49일간까지 닦게 한다. 망자는 자신이 지은 업력에 의해 49일 동안 많게는 7생을 적게는 몇 번의 생을 반복하여 중음에서 생사生死를 경험한다.

  그리고 앞에 말한 것처럼 생전에 조금이라도 생사의 여정을 공부했거나 본서를 독송하고 교법의 수련을 했거나 포와법을 수련한 자라면 임종을 했을 때 이 육도정화六道淨化법문의 효과가 매우 크다. 가령 업력에 이끌려 투생중음의 단계까지 간다면 망자는 끊임없이 두려운 전경에 핍박을 당하고 암울한 생각을 안 할 수가 없다. '어떻게 해야 좋을까?' '어떤 게 상책일까?' 이때 망자의 신식神識은 생전에 비해 9배나 기억력이 강하고 대단하여 경책하여 일깨워 주면 무엇이든 듣고 모든 지시를 따르게 된다. 또 이때의 신식은 육체를 의지한 게 아니기 때문에 언제든지 마음대로 어떠한 곳이든 가고자 하면 바로 간다. 마음 또한 생전에 비해 몇 배나 예리하고 밝기 때문에 지도를 하면 또한 쉽게 깨달아 안다. 이러한 능력이 있기 때문에 망자에게 무엇을 가르쳐 듣고 보게 하면 바로 무엇이든 듣고 본다. 이 점을 우리는 잘 알아야 한다.

  바꿔 말하면, 가령 생전에 선업을 닦은 게 설령 적다 해도 항상 죽음을 염하고〔念死〕, 의식전환(phowa)이나 유가수행(선정수행) 등등 수련을 조금이라고 학습한 게 있다면 불현듯 찾아온 죽음의 불청객을 맞이했을 때 선지식이 망자에게 조금만 일깨워 주면 바로 중음에서 해탈할 기회는 얼마든지 있는 것이다. 그러므로 해탈 수행은 꼭 살아서만 하는 게 아니다. 왜냐하면 생명의 본질은 육신에 있는 것이 아니고 바로 생사를 초월한 마음 및 자성의 광명이고, 육신의 사망은 일체 종결이 아니기 때문이다. 그래서 이 영원하지 못한 육신에 의해 이 세상을 사는 게 참으로 사는 것이 아니고 또 죽는다고 참으로 영원히 죽는 것이 아니다. 부처님은 이런 삶과 죽음을 하나로 보셨고, 이를 생사일여生死一如라고 하셨다.

　망자의 신식은 사후 중음의 기간 중에도 교법을 듣고 무상보리를 얻고 해탈을 얻고 청정한 부처님세계(불국토)로 왕생을 한다. 이것이 바로 중음제도(득도)의 묘법이고 대승불법의 묘리妙理이다. 그러므로 중음제도의 중요한 요지는 진여의 실상을 바로 깨닫게 하고, 업장을 소멸하게 하고, 육도윤회의 환화幻化를 바로 인식하도록 하는 데 있다. 물론 중음신의 상태에서 윤회도는 모두 생전의 업력에 의해 자동으로 결정된다. 그리고 육도윤회의 일체 현상은 단지 업력에 의한 환화幻化이다. 이들은 천상이든 인간이든 혹은 지옥이든 어떠한 세계이든 모두 생멸심生滅心에 의한 업력의 환화이고 진실한 실유實有가 아니다. 만약 이와 같은 일체의 실상을 바로 깨닫지 못하고 세상 것만 탐욕하고 집착하여 찾는다면 그 길은 기약 없는 생사윤회의 몸을 면할 길이 없다. 바로 깨달음이란 철저히 생사윤회를 깨닫고 일체의 현상은 모두 실유가 아니라는 점을 깨닫는 것이다.

인생 최대의 궁극적 목적은 생사윤회의 속박을 벗어나고 열반 해탈을 증득하는 것이다. 왜냐하면 열반이나 해탈은 바로 생사를 초월하는 생사고통의 종결이기 때문이다. 필자가 항상 주지하는 바이지만 부처님은 우리에게 "항상 죽음을 염하고〔念死〕, 삶을 요달하고 죽음을 초탈하라!"고 경책하셨다.

우리가 이 세상에 온 이유는 참된 사람 노릇을 하기 위해서이다. 이 세상에서 물질적으로만 잘 살겠다고 세상적인 업만을 행하고 바둥거리다 한 생을 마감한다면 아무런 의미가 없을 뿐 아니라 그 업력에 의한 끊임없는 생사유전生死流轉이 기다리고 있다. 그렇다고 세상을 등지라는 말이 아니다. 인생의 의미를 꿰뚫고 각자의 주어진 삶 속에서 무엇이 참된 삶인가를 숙고하여 실상을 바로 알고 진실한 삶을 살라는 뜻이다. 그렇다면 수행을 안 할 수가 없다. 가장 중요한 방법은 매일 일상생활 속에서의 참된 사람 노릇이다. 그건 바로 부처님 정신을 올바로 배워 그대로 닮아 가는 마음의 자세이다.

만약 우리가 실상을 깨닫지 못하고 산다면 이는 생사에 떠도는 무명의 중생이고 생사의 고통을 면할 길이 없다. 무명의 중생이란 바로 불법을 장애하고 진리에 위배된 심리상태로 탐심(탐욕)·분노(성냄)·어리석음·교만(거만)·질투(시기)·갈망(욕망)·파계·산란(도거)·나태·인색함·악견(삿된 견해) 등등 아집의 자아를 말한다. 이것이 바로 생사유전의 근본 원인이다.

『티벳 중음제도경』은 바로 우리들에게 이러한 실상을 꿰뚫고 인식하라고 경책하고 있다. 이는 삶만이 아니라 사후 중음까지 연계가 되는 징검다리이다. 우리에게 필요한 수행방법이란 특별한 게 아니다. 그렇다고 참선이나 지계를 하지 말고 사회봉사나 자선사업을 하지 말라는 말이 아니다. 그건 각자 주어진 연(緣; 후천적 조건)의 능력대로 응당 실천을 해야 한다. 가장 기본적인 수행방법은 매일 사무량심[71]을 적어도 한 번씩 행하고, 일심으로 새롭게 매일 부처님께 귀의하고, 매일 염불수행을 하고 자아를 훈습해 가는 방법이다. 그리고 병행해서

---

[71] 사무량심四無量心: 사범주四梵住라고도 한다. 이는 자비희사慈悲喜捨의 네 가지 무량한 마음을 말한다. 그리고 광대한 이타利他의 심원心願이기도 하다. 즉 이 자비희사로 인도하여 무량한 마음의 사람이 되고 깨달음의 영역에 들어가게 한다. 일반적으로 말하면 중생에게 즐거움을 주는 것을 자심慈心이라 하고, 중생의 고통을 빼내고 없애 주는 것을 비심悲心이라고 하고, 타인의 잘된 일이나 즐거워하는 것을 보면 함께 따라서 기뻐함을 희심喜心이라고 하고, 내심의 평형을 유지한 상태로 편향·편협된 바가 없음을 사심捨心이라고 한다. 또한 자무량심慈無量心은 중생들에게 즐거움을 무량토록 주는 것이다. 비무량심悲無量心은 중생의 고뇌를 무량토록 빼 주는 것이다. 희무량심喜無量心은 중생의 공덕을 따라서 무량토록 즐거워하는 것이다. 사무량심捨無量心은 일체 원한이나 친함의 차별상을 버리고 무량토록 평등하게 중생을 이롭게 하는 것이다.

본서에 인용되어 있는 3단계 중음의 해탈 방법 경문과 가피 게송들을 모두 매일 독송하여 자신을 경책하고 학습·수행하여 심성의 해탈을 찾는 길이다.

편역 • 석법성(釋法性)

서울 출생. 대만 보인대학교(Fu Jen Catholic University) 철학과, 同校 철학연구소 석사과정 및 박사과정을 졸업하고 철학박사(Ph.D.)학위를 취득하였으며, 대한불교조계종 포교원 포교연구실 사무국장을 역임하였다. 저서 및 역서로『대지도론』(전5권),『사망학』,『불자가 꼭 읽어야 할 기본경전』,『마음을 관해야 진정한 깨달음에 들 수 있다』,『어떻게 성불할 것인가』(共譯),『선 수행자가 꼭 읽어야 할 대승선경』,『선비요법경』등이 있다.

다음 생을 바꾸는 49일간의 기도

초판 1쇄 인쇄 2010년 4월 20일 | 초판 5쇄 발행 2025년 2월 24일
편역 석법성 | 펴낸이 김시열
펴낸곳 도서출판 운주사

　　　(02832) 서울시 성북구 동소문로 67-1 성심빌딩 3층
　　　전화 (02) 926-8361 | 팩스 0505-115-8361

ISBN 978-89-5746-243-0　03220　　값 10,000원
http://cafe.daum.net/unjubooks 〈다음카페: 도서출판 운주사〉